A.T. Kearney

Yoshihiro Ammo

Hitoshi Kuriya

ITシステムの罠31

システム導入・運用で絶対に失敗しないための本

A.T. カーニー
安茂義洋［著］ 栗谷 仁［監修］

実業之日本社

この本は、経営層、システム部門、
ユーザー部門に向けたものです。
各部門が共通言語を持ち、
ＩＴシステム導入・運用にまつわる
失敗や不具合を回避する方策を説いています。

はじめに◎システム導入・運用で絶対に失敗しないために

コンサルタント業をしていると、一般の事業会社に勤めているよりも、失敗を目にすることが多いのかもしれない。そもそもコンサルタントに相談しようとする時点で、依頼元の企業はすでに困っているか、または問題が起きそうな予感がしているものである。また、企業の中に入って仕事をしてみると、その企業では常識とされていることでも、違和感を覚えることがある。一見とても些細なことである。

たとえば、システム投資の稟議書の「効果」の欄に、文字がビッシリ書いてあり、読むと内容もかなり難解である。この投資案件の成否――期待通りの効果が出るか否かは、現段階ではわからない。しかし、書いてある内容がどうであれ、これは失敗予備軍、しかも高い確率で失敗すると感じられる。

・こんな難解な文章を読んで、正しい投資判断ができたのだろうか？
・システム装備だけでは効果は出ない。多くの人が目標を共有して鋭意努力する必要があるが、このような複雑な内容を共有できるのだろうか？
・期待効果を達成できたのかどうか、誰がどうやって検証するのだろうか？

このような見えざる失敗も含めると、**企業におけるビジネスでのＩＴシステムは、旧来からの問題を抱えたままで、繰り返し同じ過ちを犯している**のではなかろうか。
たとえば、よく見られる過ちは次のようなものだ。

【システム投資局面】
□現行システムで問題なく経営しているのに、大金を投じてシステム更改する
□多額の投資をして作ったシステムが使われない
□会議で説明されたシステム化による効果が実現しない

【プロジェクト運営局面】

□システム構築そのものが目的となり、業務改革がなおざりになる
□経営層への報告が現場の実態と乖離する
□誰もが中止すべきと思っているプロジェクトが続く

【システム保守局面】
□システムの仕様がブラックボックス化する
□保守コストが高止まりしている
□メインベンダーの提案力不足に不満がある……など

企業のマネジメント層は、これらを自身の問題として、真摯に向き合ってきただろうか？日常生活ではネットやパソコンなどのＩＴに慣れていても、いざ自社のＩＴシステム課題となると、多くのマネジメント層は、自らをＩＴ素人と決め込んで、システム部門が解決すべき課題として、距離を置いているのが現状ではないだろうか。

システム部門は、企業の競争力を左右することもある経営戦略上の重要部門である。投資金額も大きく、新しい情報テクノロジをうまく取り込みながら、効率良くシステム投資

を行っていくことが必須である。このように重要なシステム部門であるのに、その専門性へのアレルギーからマネジメント層も距離を置いているのは大変不思議に感じられる。

一方でシステム部門は、そうした責任を一手に引き受けながらも、システム運営やコストの妥当性を説明しきれずに、社内に蔓延するブラックボックス疑惑を払拭できずにいるのではないだろうか。また、システムコストの決定要因の多くが、ユーザー部門の要求や、経営層の判断にあるにもかかわらず、システム部門の内部で解決できる範囲しか、取り組めていないということはないだろうか。

本来、ＩＴシステムの課題解決には、それを実際に利用するユーザー部門や、その投資を判断する経営層の理解と協力が不可欠である。

技術的な問題はシステム部門に任せるにせよ、**経営層やユーザー部門がＩＴシステムの基本的な考え方や陥りやすい罠と対応方法などを理解しておくことは、企業がシステム導入・運用で失敗しないためには不可欠**なのだ。

システム部門は、ＩＴシステムの運営やコストについて、社内説明責任を果たす必要がある。現場で起きている問題について、経営層やユーザー部門の目線で、わかりやすく解説することが求められている。多くの人たちはＩＴという専門性にアレルギーを持っていることを前提に、社内で上手にわかりやすく説明していくことが求められている。

そして、経営層、ユーザー部門、システム部門には、ＩＴシステムの課題について会話するための、共通言語が必要とされている。お互いが理解し合えるコミュニケーションの方法と場が必要なのである。しかし、多くの企業において、そうした共通言語が未確立なのが現状だ。

このような状況を背景として、ビジネスの世界でＩＴシステムに関して、よく見受けられる誤りや失敗とその対応方法を「罠」としてまとめてみた。失敗は、経営層、ユーザー部門、システム部門の共通体験である。**本書で紹介する「罠」は、多くの企業で共通に見受けられる誤りや失敗**であるので、ぜひ三者で共に考えて会話していただきたい。そうすることで、お互いをつなぐ共通言語が醸成されるだろう。

経営層にとっては、ＩＴシステム運営の現場で起きている問題を再認識し、これらの解決のために求められる**リーダーシップおよび組織運営のあり方について、有益な示唆**が得られると思う。

システム部門の方には、ITシステム運営にまつわる問題と原因について、**より経営的な視点から、わかりやすく社内説明するための事例集**として役立つはずだ。そして、システム部門だけでは解決できない課題について、経営層に上申、ユーザー部門に提案することで、解決していくためのきっかけになれば幸いである。

ユーザー部門の方には、ビジネスを支える**ITシステムを、より安く・早く・安全確実に使うため**には、ユーザー部門が自ら努力すべきことが多々あることを理解できると思う。

IT関連のプロジェクトに携わっている方には、**明日からでも役立つヒント**があるはずだ。

ITシステムに関する専門書は多数あるが、経営層やユーザー部門には難解だし、専門的・論理的な説明を重ねるほど、システム部門はブラックボックス化する。今日のITシステムに関する経営理論は、過去の失敗体験からの学びの集積である。できあがった理論を体系的に説明するよりも、そもそもの失敗に立ち戻ったほうがわかりやすいと考えた。

執筆にあたっては、専門用語は極力避けつつも、昨今よく聞くキーワードはあえて登場させて説明を入れている。その際、基本概念を理解しやすいように、技術的な正確性を多

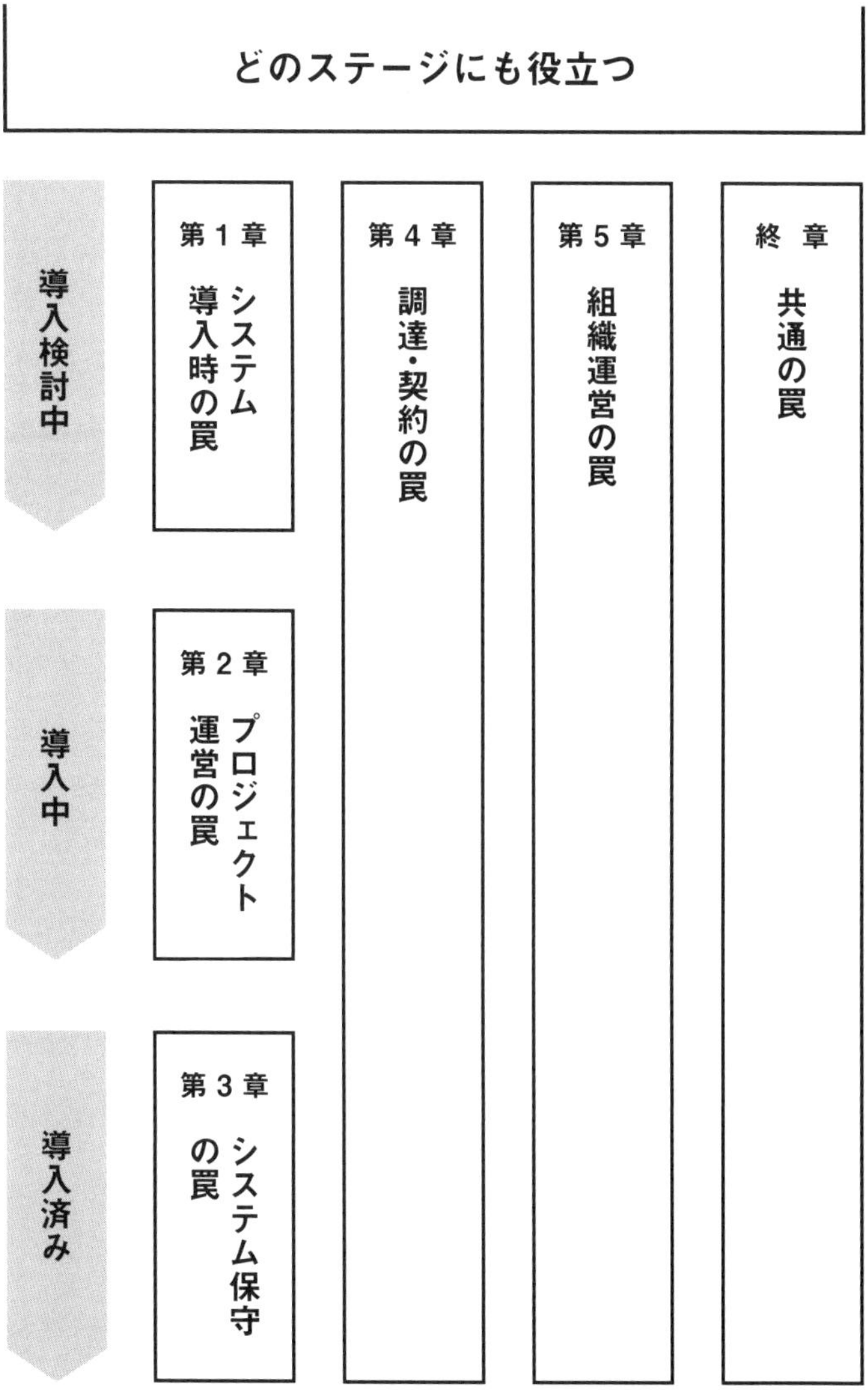
どのステージにも役立つ
導入検討中
導入中
導入済み
第１章
システム導入時の罠
第２章
プロジェクト運営の罠
第３章
システム保守の罠
第４章
調達・契約の罠
第５章
組織運営の罠
終　章
共通の罠

少犠牲にしても、極力簡単に説明するように心掛けた。

本書は、システム投資、プロジェクト運営、調達・契約、システム保守、組織運営の五つの分野から構成され、それらに関する三〇の罠と、共通の罠一つを紹介する。

ＩＴシステムを導入検討中、導入中、または導入済みのいずれのステージに関わっている方にとっても、役立つと自負している。

ＩＴシステム運営に関わるビジネスパーソンが、自社のＩＴシステムの課題について、組織の壁を越えてコミュニケーションする上で、本書は役に立つ。

システム部門の方のみならず、ユーザー部門の一般社員からマネジメント層、および経営層まで、システム導入・運用で絶対に失敗しないために、ぜひご一読いただきたい。

安茂義洋

二〇一五年四月

ITシステムの罠31 目次

第2章 プロジェクト運営の罠
システム再構築で業務が改革できると思っていませんか？

第3章 システム保守の罠

保守コストは下がらないものと思っていませんか？

第4章 調達・契約の罠

「一番安い」に飛びついて結果的に高くついていませんか？

第5章

組織運営の罠

統制チームが評論家になっていませんか？

終章 共通の罠 ビジネスとＩＴを分断させていませんか？

装幀◎長坂勇司
本文設計・ＤＴＰ◎ニノ宮 匡（ニクスインク）
校正◎鷗來堂

第1章

システム導入時の罠

そのシステムはエクセルに勝てますか？

- ☑多額の投資をして作ったシステムが、なぜ使われないのか？
- ☑現行システムで問題なく経営しているのに、なぜシステム更改が必要なのか？
- ☑システム投資会議で説明されたシステム化効果は、本当に実現しているのか？
- ☑ＥＲＰを導入したが、利益実感がないのはなぜか？
- ☑本社と海外子会社のＥＲＰを統一すべきか？

……疑問がすべて解消する！

罠01 そのシステムはエクセルに勝てますか？

■新システムを導入してもエクセルばかり使う現場

多額のコストをかけて導入した新システムだったが、実際に運用されてみるとまったく現場では利用されない、ということがある。**売上や在庫予測のシステムを構築したものの、いざ導入されてみると、現場ではこれまで通りのエクセルが利用されている**といった話だ。このような事態は、たとえば売上予測のシミュレーション等、分析を行うシステムにおいて起こりがちだ。

こうした分析は、試行錯誤を繰り返して発展させていくという特性を持つ。予測のためには、さまざまな変数を試してみる必要がある。商品カテゴリ、発売時期、天候、他社動向、テレビ広告日時などを変数として、シミュレーションを行う。変数のみならず、予測の計算式も頻繁に見直される。

また、**使う変数や計算式は、分析担当者によって異なるケースも多い。**商品分野ごとに異なる担当者が売上予測分析を行うケースを見たことがあるが、実に多様なシミュレーションモデルが、エクセル等のツールに各人各様に作り込まれていた。誰もが自分のモデルがもっとも優れていると考えており、第三者からは優劣の判断がつかない状況だ。つまり、シミュレーションロジックは未確立で、業務は発展途上にあるのだ。

このように試行錯誤段階にある未成熟な業務を支えるITシステムは、スクラップ&ビルドが基本だ。**自分ですぐに作れて、捨てても惜しくない安上がりなものが一番である。エクセルなどは、うってつけのツールである。**一方で、こうした未成熟な業務に対して、重厚・堅牢なITシステムを手当てすると失敗する。

一つの失敗パターンは、シミュレーション機能をベンダーに作らせることだ。未成熟な業務の要件定義は混迷極まりない。**各人各様のやり方の最大公約数をとって膨大なデータ項目と計算式を備えようとして頓挫するか、または妥協の産物を作って業務にフィットしないのが関の山だ。**さらに悪いことに、ベンダーに作らせると、変数や計算式を追加変更するたびに、ベンダーに開発委託しなければならず、時間もかかるし金もかかる。スクラップ&ビルドには、エクセルの自作ツールのほうがマッチする。

もう一つの失敗パターンは、提案された高機能ツールを安易にあてがうことである。大量のデータを扱え、高度な統計処理や、グラフィカルなレポート出力が可能になるシステムだ。ビジネス・インテリジェンス（ＢＩ）という総称である。

まるで、導入さえすれば知識レベルが向上するような呼称だが、もちろん実際にはそんなことは起きない。一部のケースを除き、**そこまで高度な統計処理を業務で利用することは稀であり、導入してもほとんど使いこなせる人はいない。**現場は、そもそもエクセルの集計機能でも、少し高度なものになると十分に使いこなせていなかったりする。だったら、エクセル利用術のような本でも買って勉強するほうが先だ。

■ＥＲＰで不要なツールまで導入される

では、どのような場合に、こうした現場で利用されないシステムが導入されてしまうのだろうか。

ＥＲＰと呼ばれる統合型業務パッケージを導入する際に、すべての業務をＥＲＰに載せてしまおうとするケースが要注意だ。

ＥＲＰパッケージ（Enterprise Resource Planning package）は、企業経営に必要な一通りの業務をカバーするパッケージだ。これまでは、販売、購買、在庫、会計など業務ごとにＩＴシステムが導入されていて、データ管理がバラバラで不整合や非効率が生じていた。ＥＲＰはこれらをワンパッケージでサポートするので、データが一元管理されて、経営分析等に役立てられるというのが特色だ。つまり、ＥＲＰは全業務を対象にしたデータの一元管理が売りなので、すべての業務をＥＲＰに取り込んでしまおうとなりがちなのだ。

しかし、企業で営まれている業務には、請求入金・支払のように確立して固定化したものと、販売予測シミュレーションのように試行錯誤段階にある未成熟なものとが、混在している。前者は、ベンダーに委託して堅牢な仕組みで構築するのがフィットするが、後者はスクラップ＆ビルドの繰り返しを前提にした、柔軟で軽量な仕組みでサポートすべきだ。**ＥＲＰプロジェクトにおいては、この二種類の業務をきちんと仕分けて、未成熟な業務はＥＲＰの外に出すことが重要なポイントなのだ。**

試行錯誤をサポートする高額なツールも、ＥＲＰには兼ね備わっているので、一式導入しましょうという提案には気をつける必要がある。ＥＲＰの機能範囲は拡張されていて、今日では、先述のＢＩもＥＲＰのオプション機能になっている。

ここは、固定化していい部分と分析進化させるような柔軟に対応すべき部分を整理して考えて、**エンドユーザーである分析担当者の選択に委ねるべきである。彼らが今のエクセルで十分というならば、その通りなのだ。**

しかし、ＥＲＰプロジェクトでは、システム選定や導入範囲の検討が、システム部門主体で進められることが多い。ＥＲＰは全業務をカバーするワンパッケージなので、ユーザー部門ごとに異なる製品を選ぶわけにはいかない。全社横断のシステム部門がリードして製品選定を行うのが一般的だ。製品が選ばれると、**せっかく導入するのだからと、使えそうな機能は導入しておこうと考えがち**である。**そうして利用者不在のまま、ＢＩツールの導入がシステム部門主導で決定してしまう**のである。

■ＩＴシステムで業務は高度化しない

「使えそうな道具は導入しておこう」という考えの背景には、ＩＴシステムを導入すると業務が高度化する、という誤解があるのではなかろうか。そもそも、本当に必要性が高く有効な業務であれば、立派なＩＴシステムが存在しなくても、手作業でもエクセルでも、何かしらの手段で業務が実施されているはずなのだ。

企業のＩＴシステムは、現行のルーチンを固定的・効率的に行うためのギプスのようなものだ。融通はきかないが、安定・確実で人為的エラーが起きにくいのが利点だ。**業務の高度化とは無縁である。**業務を高度化させるには、業務担当者の叡智が必要で、試行錯誤の繰り返しが求められる。

そうした未成熟段階にある業務を支えるために、すでにルーチンとして固定化された高価なシステムは必ずしも必要ない。業務が成熟してルーチンとして確立してから、堅牢なＩＴシステムに移行するのが得策だ。

システム部門が業務を知らずに良かれと思ってツールを導入するのも、ユーザー部門がＩＴシステムを知らずに「何かまったく新しいことができるようになる」と期待するのも、ＩＴシステムで業務が高度化するという誤解があるためで、要注意だ。

高度化ではないが、ばらばらな業務を標準化するためにＥＲＰを導入して、現状の業務プロセスを変更したいという考え方も多い。この場合も、まずルーチンとして固定化した業務部分と進化していく分析部分に分けて考えることが必要だろう。ルーチン・固定部分についてはＥＲＰ導入に合わせて業務プロセスを変え標準化を図ることも有効であるが、進化していく分析系の業務は柔軟に対応できるように外だしをしておくのが得策である。

■出血は一刻も早く止める

ＥＲＰプロジェクトについては、次の点を再チェックしてみよう。

□エクセルで作られた現行のツール・管理帳票まで、すべてをＥＲＰに移行しようとしていないか？
□今後も頻繁に変更し得る分析機能を、ベンダーに構築させようとしていないか？
□Ｂーツールの導入計画がある場合、ユーザーの強い要望が確認されているか？

計画段階であれば見直せるのはもちろんだが、要件定義や構築フェーズにあっても、見直したほうが結局は得することも考えられる。これまでに使ってしまった金は戻ってこないが、**「やりかけなので作り切ってしまおう」という発想はよろしくない。余計なものを作ると、構築コストのみならず、ランニングコストも負担し続けなければならない。**出血は一刻も早く止めるに越したことはない。

POINT！

経営層にとって
▼ERPのシステム導入範囲を、本当に必要なものかどうか再点検させる

システム部門にとって
▼BI等の新ツールの導入においては、エンドユーザーの意思を確認する

ユーザー部門にとって
▼今後も頻繁に変更する未成熟な業務については、安易にシステム構築を依頼せずに、自作ツールの継続利用を検討する

罠02 床下工事で済むはずが全面建替えの大出費

■「老朽化」で過剰な予算が承認

システム投資の稟議を見ていると、「老朽化更改」という表現によく出合う。時には数億円から数十億円の金額になるケースもある。このような場合、起案内容がわかりにくいため、老朽化ではやむを得ないと、過剰な予算を経営層が承認しているケースも多い。

しかし、**まず考えるべきは、老朽化しているのは何だろうかということだ。**

ITシステムはさまざまな部品の複合物である。今日のITシステムの多くは、異なるメーカーの部品を組み合わせて構築されている。**すべてがいっぺんに老朽化することは考えにくい。**それなのに、「老朽化更改」の投資稟議書の中には、具体的にどの部品が老朽化したのかについて、まったく記述がないケースが少なくない。

そもそも、**老朽化とは具体的にどういうことが起きているのだろうか**。

家屋の老朽化であれば、建材等が劣化して破損し始める、または経験的にそのリスクが高まる使用年限に達する、ということだろう。ＩＴシステムの機器であれば、ある程度この概念は当てはまる。パソコンが古くなる、ハードディスクがカラカラ音をたてるようになる、キーボードの一部が使えなくなる、といったことだ。しかし、ＩＴシステムにはソフトウェアも含まれる。ソフトウェアが老朽化するとはどういうことだろうか。

これらについて、状況をきちんと整理して説明している稟議書は稀だ。**経営層の多くは、何がどう老朽化したのかの説明を受けずに、意思決定を求められている。**

もしかしたら、社長はシステム担当役員に判断を委ねているかもしれない。システム担当役員はシステム部長に判断を委ねているかもしれない。こうした**経営判断の委譲が各階層で行われると、起案者の意見が鵜呑みにされる**構図にもなりかねない。

そして、**現場の起案内容は、往々にして過剰投資を求めている**。サーバー機器等の床下工事で済むにもかかわらず、ソフトウェアも含めた全面入替を進言してくるのだ。つまり、古くなった部品だけを交換するのではなく、新築に建て替えることをお奨めするというものだ。

■まだ使えるソフトウェアまで交換を奨められる

多くの場合において、この推奨は経済合理的ではない。稟議書には納得できる合理的な説明が記載されていないのだ。

通常、**ソフトウェアを入れ替える場合の合理的な理由は次の三つに集約される**。

一つ目は、新しいソフトウェアに入れ替えたほうが、ITシステムのトータルコストが下がるケースである。ITシステムのトータルコストの判断は、現行のソフトウェアの維持メンテナンスを続けるコストと、新しいものを買って、それを使っていくコストとの比較で判断される。

二つ目は、新システムへの投資コストに見合う、ビジネス面での成果が期待できるケースである。ビジネス面での成果は、新システムで期待される業務効率化による人件費削減や、営業成績の向上などで、ビジネスを所管するユーザー部門が目標達成にコミットすることが必要であり、効果がある程度予測でき測定できる必要がある。

三つ目は、ソフトウェア・パッケージを維持メンテナンスするベンダーがサポートを停止して、そのまま利用し続けるにはリスクがあるケースである。ソフトウェアの「保守切れ」と呼ばれるものだ。しかし、**「保守切れ」は、ソフトウェアを入れ替える十分条件ではない**。一年程度の保守延長をベンダーと交渉できるケースはあるし、製造元以外の第三者ベンダーの保守サービスという選択も考えられる。事業継続において必須でないＩＴシステムであれば、サポートがない状態で使い続けるという判断もあり得る。

「老朽化更改」をお題目として、ＩＴシステムの全面再構築を進言している稟議書において、右記のような説明が十分に記載されていないことが実に多い。そして、内容をきちんと精査していくと、サーバー等の機器のみを交換すれば済むケースや、ＯＳと呼ばれるウィンドウズ等の基本ソフトをバージョンアップするだけで、業務ソフトウェアは継続利用できるケースがある。サーバー等機器の老朽化と、業務ソフトウェアの保守切れは独立に起こるため、これらを同時に入れ替える必然性はないのだ。

■新しいものを欲しがるのが基本原理

使えるものをできるだけ長く使い、ITシステムのトータルコストを抑制するような進言が、現場から起案されないのはなぜだろうか？

多くの場合、起案するユーザー部門やシステム部門のITシステムのコスト意識が希薄なためだからである。**コスト効率は最優先のミッションとはされていないのだ。**

たとえば、営業部署は、営業成績を上げると褒められるが、ITシステムの起案が、コストを熟慮した内容であったと評価されることは、ほとんどない。現場としては、万一にも営業の役に立つ可能性があるのであれば、より良いシステムを求めるのが常で、コスト意識は希薄になる構造にある。

システム部門は、基本的に褒められない組織である。システム障害や、システム開発スピードに対してやり玉に挙がることはあるが、コストを抑制しても評価されない。

また、システム部門は慢性的に忙しくて疲弊しているが、なかなか増員されないものである。仕事がわずかでも楽になるシステム投資であれば、増員する人件費の数倍～数十倍かかろうとも、システム投資の起案内容に含めたいというのが人情であろう。現行システムは時代遅れで苦労が絶えないので、刷新すれば快適に仕事ができるようになると、観念的に考えているためもある。

あるいは、個々の部品が老朽化する都度、更改するのは大変でリスクもあるので、まだ使える部品もまとめて一新してしまいたいと、思っているのだ。

つまり、多くの中堅から大企業の組織構造においては、ＩＴシステムにかかるコストと、そこから得られるリターンのバランスを判断できる立場にあるのは、経営層だけである。だからこそ、経営層は得られる効果（コストと売上貢献）をなるべく定量化して示すように現場に求めることが重要である。定量化できない場合にはその理由と経営上重要である導入目的を明確化する必要がある。

■ソフトウェアを入れ替える必要性が本当にあるか

ＩＴシステムの「老朽化更改」について、経済合理的な投資判断をするためには、起案内容を鵜呑みにすることなく、判断を部下に委譲することなく、経営層が自ら理解し納得できるまで、問いを立てていかなければならない。

□老朽化したのは何か？　サーバー等の機器か、ソフトウェアか？

□ソフトウェアまで入れ替えなければならない理由は何か？　ソフトウェアの保守ベンダーの撤退か、入れ替えるとITシステムコストが下がるのか？　または業績向上が期待できるのか？

□ソフトウェア保守のベンダーの撤退については、保守延長の交渉はやり尽くしたか？　当該システムは、そのベンダーの保守がないと、事業継続が危ぶまれるのか？

□効果に対して誰がコミットしているのか？　効果は定量化できるか？　経営的な導入目的は何か？

そして、こうした問いに対する説明がきちんと記載された稟議書が、経営層に上がってくる運営体制が必要である。いくつかの企業では、**PMO（プロジェクト・マネジメント・オフィス［事務局］）を設営して、経営層に上がる前の稟議書のレビューおよびユーザー部門への是正指示を行っている。**そのような役割を持つチームは、ユーザー部門およびシステム部門とは異なる、第三者的な立場で監督する位置づけで、経営企画部署や予算管理部署に組成しているケースが多い。

POINT！

経営層にとって

▼「老朽化更改」を理由にしたシステム全面再構築の稟議書は、鵜呑みにせずによく吟味する

▼システム投資について、経営視点でレビューする組織体制を整備する

▼効果をできる限り定量的に求める。誰がコミットするかを明確化する

▼定量化できない場合には経営的な導入目的を明確化する

システム部門にとって

▼ITシステムの「老朽化」という事象を、経営層にわかりやすく説明する

▼「全面再構築」は一つのオプション（松）として、竹と梅の案も策定し、経営層に対して選択肢を提示する

ユーザー部門にとって

▼ITシステムの導入を求める際は、効果を明確にしてコミットする

罠03 「絵に描いた」期待効果に投資してしまう

■業務効率化効果が計画通りに実現しない

システム投資の審査において、投資対効果の説明を求める企業が増えてきている。効果は定性と定量の両方を求められる場合が多い。定量効果については、投資回収期間の目標を三年以内、五年以内などの基準を設定しているケースもある。

定量効果で、もっとも頻繁に登場するものの一つが業務効率化だ。これを目的にしたシステム投資は、中堅・大企業においては、ほぼ毎年発生している。それらの多くは現行システムの機能拡張や機能改善である。**システムはすでに稼働しており、業務は日々運営されているのだが、より良いシステムにすることで生産性向上を図りたい**というものである。

これらの稟議書において、業務効率化の定量効果は、その業務の担い手の人件費削減相当として金額換算されることが多い。この効果が実現すれば、ＩＴシステムへの投資コストは三年から五年で回収される、と説明される。しかし、こうした**システム投資の大半は、計画通りには効果を実現できていない**。

業務効率化の経済効果は、どのように算定されるのだろうか？　システムコストが増える以上に、人件費が削減されるので、トータルの経費が削減されるというものだ。

しかし、年々経費額（あるいは経費率）が逓減し続けている企業がどれだけあるだろうか？　それにもかかわらず、多くの企業が毎年、業務効率化を目的に、相当額のシステム投資を継続している。

■端数を積み上げた効果の錬金術

現行システムの機能拡張や機能改善は、ほとんどの場合において、業務効率化効果が小さすぎて一人分に満たず、頭数を減らすことができない。そもそも、システムの機能拡張・改善では、大きな業務効率化効果は期待できないものと、疑ってかからなければならない。

これらは、初期システム導入時には、機能要件から外されたものである。今日の経営において、ＩＴシステムは必須である。たとえば、請求入金、給与計算、決算などの業務を、ＩＴシステムなしに行うことは、中堅・大企業においては考えられない。これらの必須機能は、当然のように初期システム導入時に構築されている。

つまり、**稼働後に機能拡張・機能改善の要望として上がってくるものは、初期構築時に予算・スケジュールの都合で後回しになったものである可能性が高い**。システム化の効果が小さく、手作業でも十分との判断で、システム化の要件から外されたのである。

それにも関わらず、一人分に満たない小さな業務効率化効果が、相当の金額に積算されて報告されることがあるため、注意が必要である。複数拠点にわたって効果があるとされるケースだ。拠点の数だけ掛け算されると、**端数が積み重なって、相当の人数が削減できるように、机上で計算される**ことがある。

これを具現化するためには、拠点を集約し、業務を移管して頭数を減らして、体制を再構築する必要がある。しかし、そこまでの大改革はプランに含まれていないケースがほとんどだ。業務効率化による効果は、人件費換算で数千万円などと表記され、説明される。もちろん、実際に数千万円の削減が、損益計算書に反映されることはない。

■効率化＝人件費削減ではない

ただし、人件費が削減されないからといって、これらの機能拡張・機能改善をすべてストップすべきとは限らない。多少なりとも生産性が向上するのであれば、経営にプラスになることはあり得る。

たとえば、**空いた時間をより付加価値の高い仕事にあてるのであれば、頭数が減らなくても効果は期待できる**。明確にすべきは、空き時間を何に割り当て、そこからどのような成果を達成するかである。

また別の例として考えられるのは、**業務のピーク時にあまりに余裕がないため、作業ミスが発生しているという背景があるケースだ**。この場合は、適正な余裕を持たせるためのシステム投資という考え方が成り立つ。明確にすべきなのは、作業ミスの頻度、重要度、原因などであり、これらがＩＴシステムによりどう改善できるかだ。

■実態に即した説明が必要

つまり、業務効率化効果を、すべて人件費として金額換算するところに、経営判断と実態の乖離が生じる原因がある。効率化により空いた時間をどうするのか、出口を明確にして、経営説明すべきである。

これは、システム投資の審査が、定量効果を重視するため、あまりに形式的になってしまったことの弊害である。**審査する側が投資対効果の数値しか見ないため、申請する側も数値づくりに躍起になり、実質的な議論が行われない由々しき状態**である。このような事態が起きている企業においては、より実態に即してITシステムの投資効果を説明する枠組みが必要だ。たとえば、業務効率化の効果であれば、次のようなことが問われるべきである。

□拠点・組織の体制を見直して頭数を減らすのか、または現行のままか？
□現行のままであれば、効率化されて空いた時間をどう活用するのか？

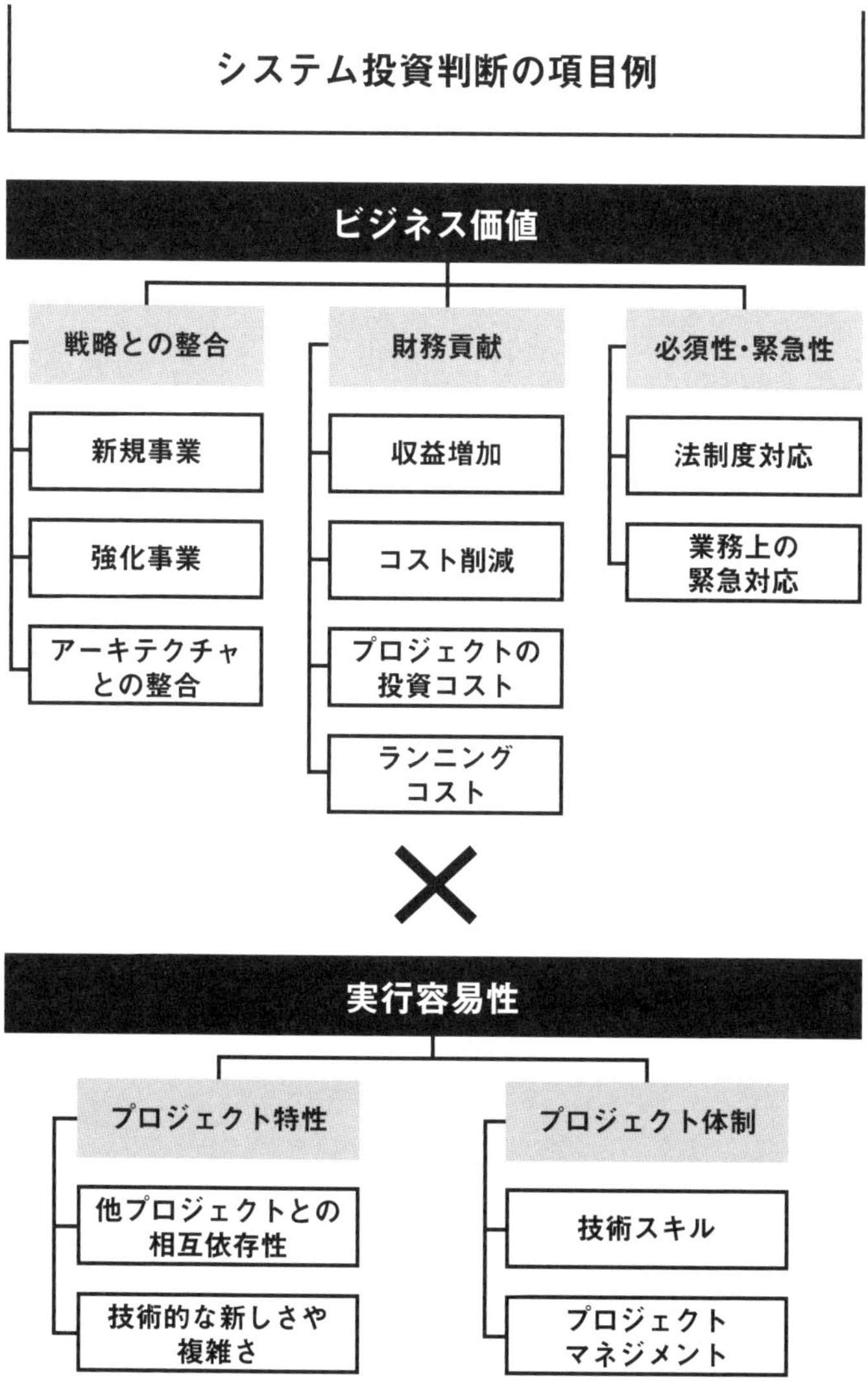
システム投資判断の項目例
ビジネス価値
戦略との整合
新規事業
強化事業
アーキテクチャとの整合
財務貢献
収益増加
コスト削減
プロジェクトの投資コスト
ランニングコスト
必須性・緊急性
法制度対応
業務上の緊急対応
実行容易性
プロジェクト特性
他プロジェクトとの相互依存性
技術的な新しさや複雑さ
プロジェクト体制
技術スキル
プロジェクトマネジメント

□また、そこから期待される効果（定性または定量）は何か？

POINT!

経営層にとって

▼現行システムの機能拡張・機能改善では、人件費は削減されないので、真の目的とシステム投資効果について問いただす

システム部門にとって

▼システム投資効果について、形式的な数値のみではなく、より実態に即した説明をする枠組みを整備する

ユーザー部門にとって

▼投資効果の数値計算に惑わされることなく、システム投資で真に達成したいと考えていることについて、ストレートに経営層に伝える

罠04 期待効果の誤差が積み重なって投資判断を誤る

■現実離れする期待効果

システム予算の策定は、毎年秋口に着手している企業が多い。三月決算の会社の場合には一〜二月には翌年度の予算を確定させる。つまり、システム予算の策定には、着手から確定までに二〜三カ月程度をかけていることになる。

この間、システム部門が何をしているのかというと、各ユーザー部門から起案される投資案件の精査と優先度づけである。

システム予算総額の目安は、通常は経費全体の計画からトップダウンで決められる。予算総額に限りがある一方で、各ユーザー部門からはＩＴシステムの新規調達や、現行システムの機能拡張・機能改善の案件が、雨後の竹の子のように出てくる。これらのボトムアップの案件を積み上げると、大抵において予算総額の目安を大きく超過するので、調整が必要になる。

部門横断での調整なので、客観的な評価・判断が求められる。多くの企業で取り入れられているのが、投資対効果の考え方だ。ＩＴシステムを整備することで実現するビジネス効果を金額換算する。たとえば、効率化であればコスト削減金額、営業力強化であれば増収金額などである。これらをＩＴシステム整備にかかる投資額と比較することで、投資回収効率がよいものを優先させるというものだ。

至極まっとうなプロセスなのだが、**実は投資案件の一つひとつを審査しているだけでは大局を見失ってしまう**ことがある。企業全体としては、実現しえない現実離れした効果目標が立てられてしまうのだ。

ある企業では、予算承認されたシステム化案件のコスト削減効果を合計すると、年間経費総額を超える目標が立てられているケースもあった。明らかに実現し得ない目標である。これは極端な例だとしても、個別の投資案件を積み上げて全体を見てみると、重点投資分野や期待効果が、経営層の意図と乖離してしまうことがある。

■木を見て森を見ず

一つひとつの投資案件がきちんと精査されている場合には、期待効果の合理性がある程度は確認されているはずだ。審査を通過させるために、効果目標は多少ストレッチして設定されているかもしれない。しかし、ユーザー部門にコミットメントがある限りにおいては、まったく根拠のない目標が設定されることはないと考えられる。

しかし、このようなケースにおいても、**複数の案件で、同様の効果目標を設定していることがあり、重複計上されることがある。**

たとえば、ある投資案件において、支店の人件費を二〇％削減する目標が設定されていたとする。目標は多少ストレッチしているかもしれないが、非現実的ではないと判断される。ところが異なる部門の投資案件においても、やはり支店の人件費の二〇％削減を目標設定していたとする。同様のものが三件あると、合計では人件費を六〇％削減させる目標を立てることになる。そうなると現実味に欠けてくる。

大企業の場合には、システム投資案件は、年間数十件から数百件になる場合もある。一方で、案件を精査するシステム部門に、潤沢な要員が配備されていることは、あまりない。この時期に限って業務量が多く、季節労働的な特性があるため、固定的に要員を配備しづらいのだ。

また、案件の精査にかけられる時間は限られている。二〜三カ月というシステム予算策定のプロセスにおいては、起案するユーザー部門が検討したり、見直したりする時間が優先される。**ほとんどの場合、システム部門は、ものすごく忙しい。一件一件の適切性を確認するので精一杯である。全体を俯瞰した不整合や非合理性を確認する余裕がない**のである。

仮に全体を俯瞰したとしても、**ガイドラインとすべき経営方針が明示されていない場合が多い**。ガイドラインとは、支店の人件費削減目標は何％程度で、その目的のためにＩＴシステムにどの程度投資するか、という高所大所からの投資方針だ。これが明確でない限り、いくら全体を俯瞰した分析をしたとしても、調整をする拠り所がない。一件一件の精査に追われるシステム部門が、全体俯瞰分析をして経営層の意見を仰ぐ、という能動的な行動に出ることは、まず期待できない。

■投資ポートフォリオの考え方が必要

全体としての投資分野や期待効果が、経営層の意図と乖離してしまう最大の原因は、経営方針が明確に伝えられていないことにある。**ITシステムの予算総額の目安を設定するだけでは不十分**である。万一、目安すら設定されていないとしたら、現場の混乱は必至だ。現場との意思疎通を図るためには、少なくとも次のようなことが明示される必要がある。

□システム予算全体をいくらにするのか？
□その内訳として、どのような目的に、いくら程度の投資をするのか？
□それによる効果（定量、定性）は、何をどの程度期待するのか？

これらを共有することで、まず各ユーザー部門の起案内容が、経営方針と整合してくる。

稟議書には、投資目的の分類を明示することが要件とされる。

ユーザー部門は、経営方針を踏まえて、経営層の意図を汲んだ内容を起案してくる。システム部門には、一件一件の適切性の点検のみならず、全体の投資ポートフォリオと経営方針との整合性を点検することも求められる。不整合があれば、ユーザー部門に調整を要請し、ユーザー部門は再検討することになる。

はじめは双方にストレスがあるかもしれないが、我々の経験では、**二〜三年継続すると、経営層、ユーザー部門、システム部門のコミュニケーションは円滑になり、予算策定プロセスは効率化される**。

■同じカテゴリを経年でモニタリング

稟議書に記載する「目的」分類は、各企業の業容に応じて設定される。中期経営計画の主要目標と整合させることもある。たとえば、営業生産性向上、事務コスト削減、コンプライアンス強化、などである。

「目的」分類の数は、五〜七程度、どんなに多くとも一〇を超えないほうがよい。あまり

システム投資の目的分類例

- 新商品開発
- チャネル強化
- サービスレベル向上
- 営業生産性向上
- 事務コスト効率化
- 経営管理インフラ強化
- 法制度対応
- リスク・コンプライアンス対応
- システムインフラ維持整備

に多いと、経営層と現場の理解に齟齬《そご》が生じがちである。また、**一度決めた分類は、基本的には変更しないほうがよい**。経年での投資ポートフォリオの傾向が見えることが、経営層が方針を提示する上で、重要なインプットになるからである。経営層にとって、ゼロベースで投資額の目安を提示することは困難で、前年対比の増減のほうが考えやすい。

POINT!

経営層にとって

▼システム予算の策定において、総額のみならず、投資目的、投資額、期待効果といった投資方針を示す

システム部門にとって

▼投資目的別のシステム予算について、経年でモニタリングして、経営判断の材料にできる仕組みを整備する

ユーザー部門にとって

▼システム投資案件の起案において、経営層が示す投資方針と合致させる

罠05 ＥＲＰ導入後、プロジェクトを解散させてしまう

■情報が一元管理できるメリット

ＥＲＰの導入効果の一つは、分断されていた情報を一元管理し、意思決定に利用できる点にある。導入前は、営業、経理、工場等のそれぞれのデータベースに分断されていた情報が、一つのデータベースに一元管理されるようになる。マスタ情報も一つになるので、たとえば、営業で利用していたデータと、工場で利用していたデータを紐づけることが可能となる。その結果、**企業全体の数字の動きを把握でき、タイムリーな意思決定に利用できる**。

また、その他の効果として、**業務改善とコスト削減**がある。ベストプラクティスをもと

に作られたパッケージの標準機能を利用するため、導入の過程で業務を見直し、標準化ができるという考え方だ。加えて、ITインフラや、システム開発・運用業務が効率化されるため、システムの保守料や人件費を抑制できる。

■ERPを導入するだけでは割高な買い物になる

ERPを導入したタイミングで、これらすべての効果が実現するわけではない。ERP導入の効果がもっとも現れるのは、導入後に十分に活用できたときである。**導入するだけで、その後に活用しない場合は、ERPは割高な買い物になってしまう。**

最初に効果が得られるのは、導入の検討時だ。企業の戦略に沿って、業務プロセスの改善点を洗い出し、望ましい組織設計を検討できる。これらの改善の中には、ERP導入とは独立して実現できるものもある。

次に効果が得られるのは、導入が完了したタイミングとなる。このタイミング以降、人件費やITコストを削減することができ、加えて、新しい業務プロセスが装着されるので生産性が向上する。実際に現場の業務に変化があるため、導入が完了したタイミングで得

導入効果はERPの活用時に最大化される

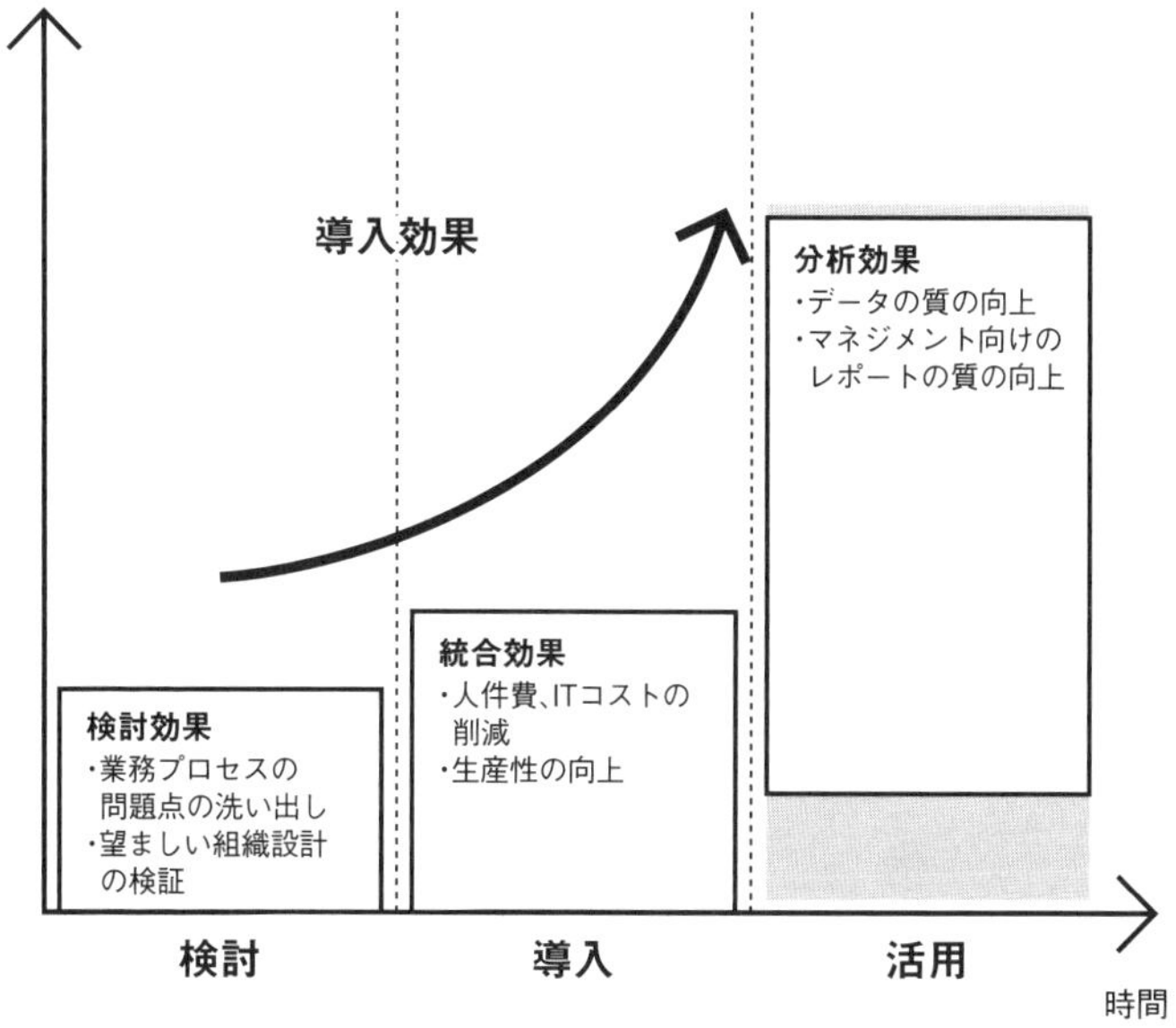

られる効果は、導入の検討時の効果に比べて大きい。
そして**もっとも大きな効果が得られるのは、ERPのデータを活用したとき**である。データを活用し続けることにより、情報の質が高まり、マネジメント層の意思決定の質を向上させることになる。企業全体に影響を及ぼすことになり、導入完了時よりも大きな効果を得られる。

■なぜERP導入が失敗だったと考える企業が多いのか

しかし、**もっとも大きな効果を十分に得られておらず、ERP導入は失敗だったと考える企業は多い**。なぜERPを活用することができないのだろうか。

それは、**ERPの導入をプロジェクトのゴールとしてしまい、導入が終わるとプロジェクトチームを解散し、別のメンバーが活用をすることに主因がある**。

ERPを導入する際は、プロジェクトを立ち上げ、社内のさまざまな部署から業務に詳しいメンバーを招集して推進するのが一般的である。プロジェクト期間中は異なるユーザー部門出身のメンバーが業務プロセスを改善し、社内の情報を整理するためにチームとして協働する。この過程で、多様なバックグラウンドを持つメンバーが共通言語を作り、それぞれの部門で閉じていた情報を共有し、企業を変えるためのモチベーションを醸成することになる。

しかしＥＲＰの導入が完了すると、プロジェクトは解散することが多い。通常のＢＰＲ（ビジネスプロセス・リエンジニアリング。既存の業務構造を抜本的に再構築し、最適化すること）プロジェクトならば、効果が出るまでプロジェクトメンバーが推進することが多いが、ＥＲＰはシステム導入のプロジェクトと見られるので、導入が終われば解散する傾向がある。

導入したメンバーを元の職場に戻すと、それまで培っていた全社横断の業務に関する知見や企業を変えるモチベーションを活かす機会が失われることになる。その後に別のメンバーが参画してＥＲＰの活用促進に取り組むケースがあるが、知見やモチベーションは当初のメンバーに及ばず、システムの運用者に留まることが多い。

■導入が完了してもプロジェクトのメンバーを継続的に活動させる

ＥＲＰ導入の効果を最大限に得るためには、システム導入プロジェクトとして捉えず、ＥＲＰの活用に焦点を当てて、当初のメンバーを配置し続けることがポイントとなる。当然、すべてのメンバーを維持し続ける必要はない。**ＥＲＰを活用して企業全体の改善を推進できる、小さいけれども優秀なチームを組成し、継続的に活動させることが有効**である。

POINT！

経営層にとって

▼ＥＲＰの導入が終わってもすべてのメンバーを解散させずに、小さいけれども優秀なチームを組成し、継続的に活動させる

システム部門にとって

▼ＥＲＰプロジェクトの構想段階において、導入後の活用推進も見据えた体制を設計する

ユーザー部門にとって

▼ＥＲＰ導入後も、プロジェクトメンバーに、継続的なコミットメントを求める

罠06 海外子会社に本社と異なるERPを導入する

■異なるERPを導入する企業は少なくない

前述したように、ERPの導入効果は、分断されていた情報を一元管理し、意思決定に利用できる点にある。そのため、一つのERPが企業のすべての部門、地域で使われることが理想だ。

しかし、**現実には部門や地域で異なるERPを利用している企業が少なからずある**。たとえば、海外の企業を買収した場合に、本社が使っているERPは高額なので、より低コストのERPを導入することがある。

複数のERPを導入する理由はさまざまだ。しばしば聞かれるのは、前述したようにコストの問題で、大規模な事業で使用されるＥＲＰは、小規模な事業の場合、導入コストやランニングコストが高すぎるという理由である。他にも、子会社の本社から経営状況が丸見えとなることへの恐れや、本社のＥＲＰに業務を合わせる抵抗、大規模な事業向けのＥＲＰは小規模な事業には不要な機能が多い等の理由もある。

しかし、実際に海外の子会社のＥＲＰに対する要望を調査すると、本社のＥＲＰへの要望と類似していることが多い。一つのＥＲＰを導入することが不可能で例外として異なるＥＲＰを導入するという合理性を証明するのは難しい。**現在のＥＲＰは、多様なビジネスに対応できるように作られているので、本来は同じＥＲＰを導入できるはず**である。

■コスト面でも効果面でもデメリットが大きい

確かに本社で利用するＥＲＰを子会社に導入するときには、短期的にはコストや子会社の負担が増加する。しかし、一つの企業で二つのＥＲＰを導入するデメリットは大きい。

コストの面では、複数のＥＲＰを導入すると、企業全体で見ると割高なコストになる。初期導入時には、本社のＥＲＰと子会社のＥＲＰのデータを接続するための開発コストが必要となる。また、ランニング時も何らかの改修をしようとすると、本社のＥＲＰと子会社のＥＲＰで二重のシステム投資が必要となることは避けられない。加えて、保守コストも別々のベンダーに依頼することとなるので二重となり割高である。

情報を一元管理して意思決定に活用するＥＲＰ導入の効果も低下しかねない。複数のＥＲＰがあると、一元管理しようとしていた情報は複数の場所に分散することになり、ＩＴシステムの複雑性も増す。仕様によっては、本社のＥＲＰと子会社のＥＲＰをリアルタイムで連携させられずに、スムーズな意思決定ができない可能性もある。

■同じＥＲＰを導入するためのポイント

どのようにすれば、子会社にも負担が少なく、一つのＥＲＰを導入できるだろうか。**一つのＥＲＰを全社で導入する際のコストと効果を、本社と子会社でどのように分担するかがポイント**である。

ＥＲＰの導入はそもそも本社の要望である。全社横断の視点で考えた場合に、情報を一元化して意思決定に活用することがグループ全体にプラスの効果を生み出す。そのためには、統一されたＥＲＰの導入がもっとも望ましい選択肢である。コストマネジメントとしても、グループ全体で一つのＥＲＰを導入するのがトータルではもっとも安く、望ましい選択肢である。

しかし、子会社にとっては、効果がコストに見合わない。子会社が別のＥＲＰを導入する場合は、本社のＥＲＰと接続する開発費は本社が支払うことが多いので、子会社は別のＥＲＰを選択したほうがコストの面でメリットがある。

グローバルで統一のＥＲＰを導入する際は、本社が全社最適の視点を持って、適正なコスト負担を行うことが必要である。それが、結果としてはグローバル全体を最適化することにつながる。

本社が全額コスト負担すると、拠点はプロフィットセンターであるという原則に反し、また中長期的に本社ＩＴコストが肥大化する懸念がある。この対策としては、**拠点のシステム利用用に応じた合理的な課金制度を採用しているケース**がある。または、**受益者負担の原則に則り、総費用を本社および各拠点ごとの期待受益額に応じて配分する**考え方もある。

POINT!

経営層にとって

▼子会社へのERP導入に対して、金銭面、技術面での合理的な支援を行う

ユーザー部門にとって

▼全社最適の視点を持って、安易に拠点ごとに異なるERPを導入しない

第2章

プロジェクト運営の罠

システム再構築で業務が改革できると思っていませんか？

- ☑ ＩＴシステムが業務改革に役立つというのは本当か？
- ☑ 大量のシステム帳票を、すべて新システムに移行すべきか？
- ☑ 誰もが中止すべきと思っているプロジェクトが続くのはなぜか？
- ☑ 進捗会議をしているのに課題共有できないのはなぜか？
- ☑ 現場プロジェクトマネージャーの進捗報告は、どこまで信じてよいのか？
- ☑ パッケージに業務を合わせろというのは、本当に正しいのか？

……疑問がすべて解消する！

罠07 システムを再構築しても業務改革の役には立たない

■システム再構築ありきの業務改革は迷走する

業務改革とシステム再構築をセットにして、プロジェクトが組成されることがある。**自社のITシステムについて、時代遅れで競合他社に劣後していると考えている企業は少なくない。**ユーザー部門のシステム改善要望に対応しきれずに、未対応案件（バックログ）が山積みになっている状況を見ると、システム再構築が業務効率化の鍵だと考えるのだろう。

また、ITシステムの機器の老朽化更改が契機になることもある。古くなった機器を入れ替えるだけでも相当の金がかかる。業務機能が何も変わらないのに大金がかかる、という状況は、了承しがたいのであろう。「この機にソフトウェアも全面刷新して、次世代システムを構築し、抜本的に業務を変えよう」と英断される。

こうした背景で立ち上がったプロジェクトは、次の問いに答えるという十字架を背負うことになる。

・次世代システムの目玉となる機能は何か？
・次世代システムで業務はどう改善するのか？
・ＩＴシステム再構築コストに見合う効果は何か？

これらの問いに答えが出るだろうか？　いずれもＩＴシステムの再構築が前提になっている。もしかしたら、業務改革が狙いであれば、現行システムを捨てて、再構築するのは得策ではないかもしれない。しかし、ＩＴシステムを再構築すべきか否か？　は問われていない。**答えがないかもしれない問いを抱えて、プロジェクトは迷走する**ことになる。

ユーザー部門のシステム改善要望を棚卸ししても、細かなことばかりで目玉になるような機能は見当たらない。業務改善効果を計上できるようなインパクトのある内容はない。

業務改革の案はいくつか挙がるかもしれない。体制の集約、役割の適正化、上流での不備検出などによる効率化である。しかし、これらは現行のＩＴシステムでも実現できる。

現行システムを捨てて、再構築する理由にはならない。

プロジェクトメンバーは、次世代システムなんて必要ないのではないか、と思い始める。しかし、誰もそのようなことを経営層に報告しない。**次世代システムを構築することは、すでにプロジェクトメンバーのミッションになっている。**業務改革の核となるようなITシステムを考案できないと、自己否定するようなものである。

構想フェーズは延々と長引き、**結局は明確な目標設定をできないまま、開発に着手してしまう**ことになる。

■現行システムを刷新すると機能劣化する

現行のITシステムを捨てて再構築しても、ほとんどの場合、同じようなものができあがるだけである。むしろ**現行システムよりも機能劣化**してしまうこともある。

我々がさまざまな企業のITシステムを見てきた経験に基づけば、どの企業のITシステムも、同業であれば機能的には大差ない。ノウハウやソフトウェアをパッケージ化して横展開しているからである。

時々二〇年以上も稼働している手作りの（パッケージではない）システムに出合うことがある。保守性が悪いとシステム部門から問題視されることはあるが、機能的にはむしろ優れていることが多い。**長年にわたって自社の業務に合わせて、改善に改善を重ねてきているため、既製品のパッケージよりも、むしろピッタリしていて、痒いところに手が届くのだ。**これを捨てて新システムに刷新したからといって、必ずしも機能向上するとは限らず、むしろ劣化する可能性すらある。

まれにイノベーションがあって、新しいパッケージシステムを使うと、飛躍的に業務機能が向上することがある。たとえば、ＯＣＲで申込書の内容を高い精度で自動的にデータ化できるようになり、データ入力作業が不要になる、というようなことだ。

しかし、今日のＩＴシステムは、複数のパッケージを接続して、組み合わせて利用することができる。**現行システムを残して、新しいパッケージシステムを外付けすればよい**のである。**そのほうがシステム刷新するよりも、はるかに低コスト・短期間で効果を出せる。**

■業務改革とＩＴシステム構築は別プロジェクトにすべき

業務改革とＩＴシステム構築は、一旦は切り離して考えたほうがよい。業務改革は、まずは現行のＩＴシステムを最大限に活用して、どのように早く・安く・正確に業務を行うかを検討すべきである。業務改革プロジェクトが答えるべき問いは、次のようなものだ。

□目指す業務体制・プロセスはどのようなものか？
□目指す業務体制を実現する上で、現行のＩＴシステムに問題はあるか？
□問題がある場合、業務改善効果に見合うコストの範囲内で、どう解決するか？

実は、この一つ目の問いに答えるのが難しい。業務改革のアイディアそのものである。行き詰まると、ＩＴシステムを切り札と考えるようになり、システムを刷新すると、すべてのプロセスがきれいになって効率化される、という幻想を抱いてしまいがちである。

または、きちんと問題分析をしないまま、非効率は現行システムのせいである、と観念的に結論づけてしまうこともある。

　こうした間違った逃げ道を断つためにも、**業務改革は、一旦は現行システム刷新を禁じ手として、とことん考え抜いてみる**必要がある。

　ＩＴシステムの機器の老朽化においては、業務改革効果を算段に入れて再構築を検討すべきではない。今後五年程度にかかるＩＴシステムの総費用と、情報セキュリティや災害対策などのインフラ面の強化が、主な検討ポイントである。**ほとんどの場合は機器等のインフラ刷新のみで済み、業務ソフトウェアを再構築する必要はない**はずである。

　例外として、統合後の企業においては、重複したＩＴシステムを統合することで、ランニングコストを下げる機会があるかもしれない。このような場合には、機器の老朽化更改のタイミングで、業務ソフトウェアの統合に取り組むことも考えられる。ただし、どちらかの現行システムに片寄せするのが、システム統合の常道である。

　業務改革を期待して、まったく新しいＩＴシステムに乗り換えるのは、コストもリスクも高いため得策ではない。

POINT!

経営層にとって

▼ＩＴシステム構築ありきで業務改革プロジェクトを進めると、不必要なシステム投資を行うことになるので要注意

▼業務改革とＩＴシステム構築は、一旦は切り離して検討させる

システム部門にとって

▼ＩＴシステム再構築については、「本当に必要なのか？」を常に経営視点で問い直し、臆せずに見直しの進言をする

ユーザー部門にとって

▼業務改革プロジェクトの行き詰まりを、ＩＴシステムのせいにしてはならない

▼ＩＴシステムを語る前に、目指す業務体制・プロセスを描き切る

罠08 大量の不要帳票を運んで、新システムへの引っ越し代が高額に

■「現行保証」は開発コストを肥大化させる

新システム構築プロジェクトで、「現行保証」という言葉を聞いたことがないだろうか。現状で取り扱っている商品や業務、また現行システムにある機能について、確実に新しいＩＴシステムに実装するという意味で使われる。

現行業務の範囲やシステムの仕様に確認不足があると、新システムの設計に考慮もれが生じ、稼働後に業務に支障が出ることがある。このような事態を避ける目的において、プロジェクトの基本方針に掲げられることもある。

また、言葉にしてはっきりと掲げられることがなくても、**ユーザー部門は現行保証を求**

める傾向がある。今やっているオペレーションが変わるのは負担だし、業務に支障が出たら責任を問われる。現行保証を求めるユーザー要望が否定されたり、疑問が投げかけられたりすることは、現場においてはほとんどない。ユーザー部門ほど当該業務に詳しい部署はないし、また業務に支障が生じた場合に責任を持てないからだ。「万一の場合に、誰が責任を持つのだ」というユーザー部門の発言を聞くこともある。このような構図の中で、現行保証は、システム構築プロジェクトの暗黙の方針として存在する。

しかし、**現行保証を方針とするプロジェクトは、それが明示的であれ暗黙的であれ、開発コストの肥大化に苦しむ**ことになる。システム構築コストをコントロールするためのポイントは、帳票数の抑制、決裁フローの簡素化、商品・サービスの整理・削減などである。これらは現行保証という考え方とは相反する。この中でも、**コストインパクトが小さくないにもかかわらず、見落とされがちなのが帳票**である。

■帳票数を抑制できないとコストがかさむ

企業のITシステムからは、実にたくさんの帳票が、紙またはイメージファイル等の電

子媒体として、出力されている。中堅・大手企業では数百種類あり、特に金融機関の場合は多く、千種類以上の場合もある。しかし、**すべての帳票が有効に活用されていることは、まずない。**

中でも業績管理の帳票はもっとも無駄が多い。開発当初は必要、または「まずは可視化すべき」と考えて作られたはずだ。しかし、あまり変化がない計数や、見たところで対策の立たない計数は、日常的には見られなくなる。そして、今日では誰も見ていないという管理帳票が積み上がってくる。毎朝配信される山ほどの帳票をファイリングし、定期的に段ボール箱に入れて外部倉庫に預けるのが、支店の事務担当者の日課になっているという金融機関もあった。

取引先に提出する帳票には、標準形ではなく取引先ごとにカスタマイズされているものがある。もともとは営業部署の要望（または取引先が求めているとの主張）に応じて作られたのだが、実は取引先自身は、標準のものでも構わないと思っていることがある。少なくとも標準に合わせるように依頼・折衝をすれば、すんなりと応じてくれるケースがある。

営業部署は顧客の要望をできるだけ聞き出して、いかに社内のシステム部門に作らせる

かを考えるものだ。どうしてもコスト意識は希薄になる。帳票にかかるＩＴシステムのコストが、営業部署に適切にチャージバックされ、業績評価にまで組み込まれているケースはあまりない。取引先へのサービスが優先され、「あったら良い」が必須ではない、取引先向けにカスタマイズされた帳票は、こうして作られていく。

事務オペレーションで使われているものの中にも、稀にしか起きないケースに対応したものがある。その例外事象が起きたときには、事務担当者がデータを検索する等、ひと手間かければ済むことだ。しかし、これに対して、恒常的に帳票を出力していることがある。

事務部署から出されるＩＴシステム機能追加・改善要望は、実際のオペレーション担当者から発信されることが多い。**オペレーション担当者は、コストと効果を天秤にかけることはない。**例外の発生頻度や、発生時にかかる時間（人件費）と、システム開発にかかるコストを比較評価することは、彼らのミッションを超えている。自分が少しでも正確に、早く、楽に事務をこなすには、何が必要かを考えるだけである。さまざまな例外処理にまで対応した、その企業独自の帳票が、年々積み上がっていくことになる。

長年にわたって保守をしてきたＩＴシステムにおいては、こうした必須とはいえない帳

票が山ほど存在する。システム保守においては、要望さえ上がれば、帳票が開発されやすい環境にあるのだ。保守ベンダーとの契約は固定料金で、その中に機能拡張・改修サービスが含まれていることが多い。ITシステムの機能拡張・改修案件については、前述の通りユーザー部門のコスト意識は希薄である。加えて、固定費で収まる限りにおいては、必要性について精査されることは、あまりない。このようにして、毎年、帳票の数は増えていくのである。

現行システムを刷新する際に、**新システムで帳票を開発すると、簡単なものでも一帳票あたり一〇〇万円程**のコストがベンダーに請求される。**現行システムの一〇〇帳票を新システムに移行すると、それだけでも一億円の開発コストになる。**しかし、このコストには焦点があまり当たらずに、見過ごされていることが少なくない。ベンダーが提示する見積書はどんぶりで、一式いくらになっていることが多くて、全体のコストに埋もれてしまっているのだ。これは発注者側でフォーマットを決めて、見積もりの明細の提示をベンダーに要請することで、浮かび上がってくる。

そして、**帳票の開発コストを抑制するには、現行帳票を必須のものと、そうではないものに仕分けることが必要不可欠だ。**

■帳票削減でユーザーアンケートを信じてはならない

帳票削減に取り組む際に、よくとられる手法がユーザーアンケートだ。現行システムから、どのような帳票が出力されているかは容易に一覧化できる。しかし、実際の利用状況については、ユーザー部門にしかわからないことが多い。そのために、現行の帳票を一覧化して、使っているか、必要かどうか、をユーザー部門に回答してもらって調べるのだ。

しかし、この調査結果をもって不要とされる帳票は、あまり多くない。**ユーザー部門は帳票の廃止については、非常に保守的**だからだ。今は使っていなくても、もしかしたら見るかもしれない管理帳票について、要らないとは言わない。また、標準帳票で良いか否かについて、アンケートに答えるために、顧客と確認・折衝までしない。

要するに、**ボトムアップで作られてきたものの必要性について、ボトムアップで確認しても、作られたときと同様の判断が行われるだけ**である。

■リーダーシップのある体制が必要

本来、システム構築プロジェクトに期待されているのは、業務に支障が出ないように、いかにこれらをスリム化するかであるはずだ。しかし、その答えを出すのは容易ではなく、知恵と執念が必要とされる。あるプロジェクトは、帳票を半分以下に削減した。プロジェクトチームには社内業務の生き字引のようなメンバーがいて、すべての帳票の要否を一人で判断していた。ユーザーアンケートは行ったが、参考情報としての取り扱いだ。判断がつかない帳票については、一旦出力が停止された。ユーザー部門からクレームがきたら、その際に再出力すればよいと考えた。一定期間何もなければ、そのままお蔵入りさせればよい。**一人の有識者のリーダーシップによって、帳票削減を完遂した**のである。

取引先ごとのカスタマイズ対応について、徹底的に削減した銀行支店長がいた。**支店長が自ら、取引先の経営者に申し入れる。**ほとんどの経営者は、要請に応じてくれるとのことであった。来店する担当者と折衝してもなかなかうまくいかない。担当者の立場にしてみれば、いかに社内の事務を効率的に行えるかが重要である。また、書式を変更する面倒は避けたいものだ。しかし経営者は、銀行から継続的に融資を受けるリレーションシップを維持することと、社内の事務効率について、総合的に判断する。現場任せにせずに、支店長が自ら、取引先の経営者と折衝することで、効率化を推進したのである。

たかが帳票の削減とはいえ、ボトムアップでは成功しない。明確な意思に基づくリーダーシップとトップダウンアプローチが必要なのだ。

POINT！

経営層にとって

▼新システム構築に取り組むときは、現行保証を前提にせずに、ゼロベースで効率的な業務を検討する方針を出す

システム部門にとって

▼現行保証を再考し、より廉価に新システムを構築するオプションを、経営層に提示する

ユーザー部門にとって

▼帳票はタダではないと認識し、コスト意識を持って要否を仕分ける

罠09 システム開発プロジェクトを中止できない

■走り出したシステム開発プロジェクトは止まらない

システム開発のプロジェクトには期間が長いものがある。小規模開発ならば一カ月以内で完了するが、新商品の開発等、規模が大きな開発となるとリリースまでに数年かかる。そのため、**開発期間中に、プロジェクトのすべてまたは一部が不要となることがある。**

たとえば、経営状況が悪化してシステム開発にコストをかけられなくなり中止となる場合や、システム開発自体は続けるものの、目的と範囲を絞って低コストで行う場合も考えられる。経営環境の変化に応じて、プロジェクト中止やその範囲を変えるのは当然のことだ。しかし、現実には一度走り出したプロジェクトを中止・縮小するのは簡単ではない。

一例として、インターネットを活用した新サービスを開発するプロジェクトを取り上げよう。中期の経済見通しでは、景気が悪化すると考えられていたため、社長は既存サービスの価格帯では顧客のニーズに合致しないと考えた。そこで、低価格サービスの開発プロジェクトの立ち上げを行った。

しかしながら、要件定義中に経営環境が変化し、景気悪化の見通しが変更された。プロジェクト現場ではこれを受けて、低価格の新サービスの必要性に疑問を抱くメンバーが出てきた。しかし、プロジェクトはこの後二年間続けられた。

プロジェクト中止のきっかけは、コスト削減の大号令だった。全社でコスト削減の号令がかかり、このプロジェクトが目をつけられたのだ。こうしてシステムのリリース前に、プロジェクトは中止された。

もしコスト削減の大号令がなければ、プロジェクトはその後も継続されたかもしれない。開発ベンダーとの契約は、未発生の作業分については中途解約可能な条件だったので、もっと早くプロジェクトを止めることができれば、出血を抑えられたはずだった。しかし、**二年間プロジェクトを継続した結果、五億円以上のコストを無駄にする結果となってしまった。**

この事例は一例であるが、経営環境が変化してプロジェクトの一部または全部の必要性がなくなったにもかかわらず、プロジェクトがそのまま継続される事例は他にもある。

なぜＩＴプロジェクトを中断させることができないのだろうか。

■プロジェクトを立ち上げると安心してしまう経営層

一つの原因は、**経営層はシステム開発のプロジェクトを立ち上げると、自らの仕事は一旦は終わったと考えて、システム構築期間中は安心してしまう**点にある。理由としては、システム開発プロジェクトは期間が長いことがある。プロジェクトを立ち上げた後に、要件定義、設計、開発というプロセスを経るので、リリースまでに期間がかかる。プロジェクトを立ち上げた後は、システム部門を中心に進められ、問題がない限りは経営層の判断を求められないため、注目度は下がりやすい。

また、ＩＴの専門的な知識が必要となることも、経営層が距離を置く理由の一つである。本来であれば、専門知識がなくてもわかるように解説をさせれば良いのだが、ＩＴは難しい印象があるため、あえて突っ込むことなく、専門家に判断も任せてしまいがちである。

先程の事例では、社長は営業畑出身でＩＴにあまり明るくない一方で、プロジェクトマネージャーはインターネットマーケティングとシステム開発に精通したＩＴシステムのプロフェッショナルであり、若手のエースと評判だった。そのため、社長はプロジェクトが開始した後、専門的な知識が豊富なプロジェクトマネージャーに任せ切ってしまった。**プロジェクト開始後、経営会議でプロジェクトの状況は一年間報告されておらず、社長も報告を求めていなかった。**システム開発のプロジェクトを立ち上げた後は、すべてが首尾よく進むと考えてしまったのである。

■現場からプロジェクトの停止は進言されにくい

もう一つの原因は、現場から経営層に対してプロジェクトを停止する進言がなされにくい点にある。

システム開発現場のプロジェクトマネージャーは、ビジネスの成果目標よりも、ＩＴシステムのＱＣＤの遵守をミッションと、狭く考えてしまいがちだ。システム開発プロジェクトでは、一般に最初にシステムの品質（Quality）・コスト（Cost）・納期（Delivery）の三つの観点で目標が定義される。一度プロジェクトが開始されると、プロジェクトを率いるプロジェクトマネージャーはＱＣＤを守るミッションを持ち、システムを完成させる目標に囚われる傾向にある。

また、**システム開発現場の担当者の意見は、経営層までは届きにくい**。現場の担当者の中に、プロジェクトの継続を疑問視する声があったとしても、経営層との会話はプロジェクトマネージャーが行っており、現場の一人ひとりの担当者の声は経営層には届かない。

先程の事例でも、プロジェクトを任せられたプロジェクトマネージャーは、納期までにＩＴシステムをリリースさせることを目指しており、プロジェクトを取り止めることは考えられなかった。また、現場ではプロジェクトの目的に疑問を抱く担当者も数名いたが、プロジェクトマネージャーや担当者でのインフォーマルな議論に留まり、経営層に声が届くことはなかった。

■経営層がプロジェクトに積極的に関わり続ける

どのようにすれば、経営環境の変化に合わせてプロジェクトの継続や範囲の変更を適切に判断できるのだろうか。プロジェクトマネージャーと経営層でプロジェクトの責任を共有し、経営環境の変化に対して、連携して判断する仕組みが必要とされる。

プロジェクトマネージャーはＩＴシステムのＱＣＤのみに囚われすぎず、ビジネスの成果を意識することが必要だ。現場に日々接しており、担当者一人ひとりの声をもっとも早く把握できる立場にあるので、経営環境の変化の兆しが見受けられたときは、経営層に積極的に情報を報告するのが、期待されるミッションだ。

経営層は、ＩＴプロジェクトを意識してプロジェクト継続の必要性を常に意識する必要がある。そして、経営環境が変化したら、能動的にプロジェクトの継続を判断する必要がある。前述したように、プロジェクトマネージャーはＱＣＤの遵守をミッションと捉えがちで、彼らにとっては、プロジェクトの停止を進言しにくい。そのような対応ができるプロジェクトマネージャーは稀有であり、経営層は、現場からの上申に過度の期待をしてはならない。プロジェクトマネージャーと会話する機会を自ら設けて、プロジェクトに関する報告を積極的に求めるのが良い。

また、**ITプロジェクト運営に長けた経営層は、プロジェクトマネージャーだけでなく、その配下の担当者から情報を入手している。**たとえば、時折システム開発をしているフロアを歩き、現場の担当者に声をかけることは有効だ。積極的にプロジェクトに関わり、経営環境に合わせて変化させられるように、経営層自身が取り組むことで、不要なプロジェクトを継続することはなくなるだろう。

POINT!

経営層にとって

▼ITプロジェクトに責任を持ち、積極的に関わり続ける

▼現場のプロジェクトマネージャーやメンバーと会話する機会を設けて、プロジェクトに関する報告を積極的に求める

プロジェクトマネージャー（システム部門／ユーザー部門）にとって

▼経営環境が変われば、システム開発を中止すべきこともあるので、臆することなく経営層に上申する

罠10 進捗会議をしているのに課題を共有できない

■品質不十分のシステムがリリースされた理由

あるシステム開発プロジェクトで、稼働直後にシステム障害が発生し、データ連携先の顧客企業でトラブルが生じた。事態を収束させた後の振り返りにおいて、開発現場のプロジェクトマネージャーと、プロジェクトのオーナーである経営層は、それぞれ次のように語っている。

・「顧客に影響が出る障害が起こり得ると認識していた」（プロジェクトマネージャー）
・「顧客に影響が出る障害のリスクが高いならば教えてほしかった」（経営層）

プロジェクトマネージャーが報告を怠ったのかというと、実はそうではない。プロジェクト進捗会議は定期的に運営され、プロジェクトマネージャーから経営層への報告は一通り行われていた。実際にテストフェーズにおいては、次のようなやりとりがあった。

・「品質が低く、不具合をなくして稼働することが難しい」(プロジェクトマネージャー)

・「十分に注意して品質の向上に努めるべし」(経営層)

しかし、このやりとりの後に、スケジュールの見直しや要員追加等の具体策は特に講じられず、プロジェクトは営々と進められた。そして、品質不十分のまま稼働予定日が到来し、システムはリリースされてしまったのだ。

■曖昧なやりとりが大きな溝を作る

この事例において、経営層とプロジェクトマネージャーの間のコミュニケーションには、明らかに齟齬がある。コミュニケーションはプロジェクト管理の必須要素とされる。プロジェクト管理の方法論はすでに成熟していて、実はこの企業もきちんとした方法論を採用していた。報告フォーマットや会議体等の形式は、立派なものを準備していたのだ。

しかしこの事例は、**形式的なプロジェクト管理手続きが整っているだけでは、リスクを**

コントロールできないことを示唆している。

会話の内容を見てみよう。「不具合」を、経営層はどう理解したのだろうか？　経営層が一番知りたいのは、経営リスクのはずだ。しかし、「不具合」では、どのような影響があるのか理解できなかったに違いない。都合よく捉えれば、「顧客への影響はない」とも受け取れる。

また、「難しい」についてはどうだろう？　これでは、経営層には追加リソースの要否が判断できないはずだ。しかし、これも都合よく捉えると「現体制でリカバリー可能」とも理解できる。

一方で、現場のプロジェクトマネージャーにとっては、「品質の向上」では、どこまで品質向上すれば完成なのか、実務的な判断がつかない。また、「十分に注意して」では、スケジュールを見直すのか、要員追加するのか、具体的な対策がイメージできないはずだ。捉えようによっては、「現行のリソースで最善を尽くし、稼働予定日が来たら、その時点の品質でリリースする」という解釈もできてしまう。

つまり、お互いに具体性のない会話を行い、お互いが自分の都合の良いように解釈してしまっているのだ。

■経営層と現場で共通言語を持つために

経営層と開発現場の間には、多かれ少なかれコミュニケーションの溝があるものだ。具体的でない会話は、お互いの身勝手な解釈を生みかねない。**経営層と現場との間で共通認識を持つためには、何かしら具体的な基準が必要**とされる。

たとえば、「品質」については、障害の発生確率と、起きた場合の影響の二つの概念で捉えることが考えられる。

□テスト中のバグ（不具合）の発生状況から、経験的に判断される障害発生確率
□問題が懸念されるシステムの重要度（経営上の必須機能か、機密情報があるか等）
□想定される障害のランク（顧客影響、社内影響など）

こうした報告をプロジェクトマネージャーがしていれば、「顧客に影響が出る障害のリスクが高いならば教えてほしかった」というような齟齬は避けられた。

また、「難しさ」は、リカバリーに必要なリソースや期間で表現することができる。あらかじめ共通言語となる基準を決めておけば、お互いに質問することもできる。先述の事例においては、

□人（開発要員）を何人追加すれば解決ができるか
□期間をどれくらい延長すれば解決ができるか
□開発する機能の量を減らせば納期通りに品質高くリリースができるか

と経営層がプロジェクトマネージャーに問うことで、「難しさ」をより正確に理解して、具体的な打ち手を共有することができたはずだ。

つまり、プロジェクト運営においては、**想定される課題について会話するための基本パターンをあらかじめ設計しておく**のが良い。**経営層と現場のコミュニケーションは溝があって当たり前、くらいに考えて、決して楽観視してはならない。**

POINT！

経営層にとって

▼現場との会話において、ＱＣＤに抽象的な表現は使わない

システム部門にとって

▼開発プロジェクトの課題を、具体的に表現する基本パターンを整備する

▼経営層との会話において、ＱＣＤに抽象的な表現を使わない

罠11　作業の遅れが正しく報告されない

■プロジェクトの遅延は叱っても解決しない

インターネットの商品・サービス開発のように、売上に直結するＩＴプロジェクトは、開発担当のシステム部門にとっては、厳しいスケジュールが設定される傾向がある。

ユーザー部門としては、商品・サービスの企画が決まったら、少しでも早く売上を立てたいものだ。ＩＴシステムの開発期間は短ければ短いほど良い。そうした要請に応えるべく、実現可能性がぎりぎりの短いスケジュールで、プロジェクトが開始されるのだ。この手のプロジェクトにおいては、おのずと遅延もよく発生する。

たとえば、典型的な顚末はこんな具合だ。あるプロジェクトでは、ユーザー部門には商戦期の前に新サービスをリリースしたい思惑があり、短期スケジュールでの開発をシステム部門に要求した。システム部門は納期の達成に関して確信はなかったが、努力目標として捉えて、言われた通りの納期設定でプロジェクトをスタートした。

しかし、結合テストを前に作業に遅れが発生し、システム部門は経営層に対して、品質をとるならリリースの時期を延期したほうが良いし、納期を変えないなら品質の劣化をある程度許容しなければならないという見解を伝えた。これに対して経営層は「どちらかではダメだ。両方達成しなければ意味がない」として、開発を進めさせた。

システム部門は夜を徹して作業を進めてリリースに漕ぎ着けたように見えたが、その後に影響の大きい障害が発覚。結局は売上を顧客に返却する等の対応を行う羽目になってしまった。予定通りに稼働することを前提に、契約や請求を進めてしまっていたのだ。遅延報告がされた段階でリリースの時期を延期していれば、少なくとも顧客に迷惑をかけて、評判を下げることは回避できたはずだ。リスクを回避する貴重な機会を棒に振ってしまったのだ。

プロジェクト状況を正しく報告したシステム部門に対して、何とかしろと叱りつけることは、当たり前だが何の解決にもならない。

■叱ると遅延が報告されなくなる

それどころか、こうしたことを繰り返すと、正しく報告されなくなるという弊害が生じる。プロジェクト現場は叱られたくないので、遅延があっても水面下で何とかリカバリーしようと努力を続けるようになる。つまり、**経営層に報告される情報と現場の実態が乖離するのである。**こうなると、いよいよどうにもならない稼働直前になって、急に遅延が報告される事態になる。問題が小さいうちにスケジュールの変更やリソース追加のような対策を講じる機会を失い、被害を拡大させてしまうリスクが高まるのだ。

たとえば、次のようなケースだ。複数のITプロジェクトの進捗会議が月次で開催されており、PMO（プロジェクト・マネジメント・オフィス［事務局］）が、各プロジェクトからの進捗報告を取りまとめて資料を作成していた。あるプロジェクトの報告では「問題なし」が続いており遅延もまったく見られなかった。

しかし、終盤になって突如、大幅な遅延でスケジュール変更せざるを得ないと報告された。**進捗会議に毎回出ていた経営層にとっては寝耳に水**だった。すでに全国の拠点でシステムの教育を行う派遣社員を確保していたため、派遣社員の契約期間を延ばす必要が生じ、その分のコスト増を負担することになってしまった。早いタイミングでスケジュール変更の判断をしていれば、そうした損失は防げたはずだった。

ＰＭＯは、各プロジェクトから集めた資料以上の情報を把握していなかった。確かにプロジェクトからＰＭＯに報告されたハイレベルなスケジュールでは、遅延が見られなかった。しかし、別途に現場で管理されているチーム単位の作業状況は、個々のタスクに遅延が見られていた。つまり、**現場の進捗管理と、ＰＭＯへの進捗報告は、二重帳簿で管理されていて、実態通りには報告されていなかったのだ。**

■報告と実態の乖離をチェックする方法

ＰＭＯが現場の報告資料を取りまとめるだけでは、報告と実態が乖離するリスクをコントロールできない。しかし、ＰＭＯは人数・スキルともに手薄なことが多いため、取りまとめ以上のことができていない場合が多い。ＰＭＯはオーバーヘッドであり、手厚くしても生産性は向上しないと考えられているからだ。

少ない人数で、現場と実態の乖離をチェックする方法としては、サンプリングが考えられる。特定の領域に限定して、マネジメント報告から現場の成果物まで遡って点検して、整合性を確認する方法である。**表面だけ見ていたのではわからないので、針を下まで刺して、中が腐っていないか確かめる**ようなものだ。

この点検を、定期的に領域を変えながら行うことで、報告と実態が乖離するリスクを軽減できる。二重帳簿のような歓迎しかねる管理方法は、プロジェクト全体に蔓延する傾向があるので、サンプリングでの点検には十分な意味がある。

また、原因を考察することで、**報告があまりにも煩雑で負荷が高いとか、遅延報告を許さない雰囲気があるとか、プロジェクト全体の運営に関する課題が浮き彫りになる**こともある。これらに対策を講じることでも、リスクは軽減される。

■悪い報告を褒める

もう一つのアイディアは、遅延やトラブル等の悪い報告を褒めることだ。褒賞を設けることも考えられる。そこまでやらなくても、「よくぞ報告してくれた」と応えるだけでも良いだろう。**遅延やトラブルそのものは喜ばしいものではないが、その報告自体は、対策を講じる機会を与えてくれる大変ありがたいもの**である。

POINT!

経営層にとって

▼遅延やトラブル等の悪い報告を叱ってはならない。むしろ褒める

システム部門（PMO）にとって

▼定期サンプル調査を行って、報告と実態の乖離を点検する体制を整える

罠12 業務とITシステムがバラバラに進捗管理されている

■業務とITシステムを一体でプロジェクト管理するのが基本

ITプロジェクトは、システムを完成させるだけでは、稼働日を迎えることができない。新しいシステムを利用するユーザーの採用、教育、作業場所の確保など、業務の準備も完了させておかなければならない。当たり前だが、業務側とITシステムは表裏一体なのだ。

プロジェクトの進捗・課題管理においても、業務側とITシステムを一体で管理するのが基本だ。特に、業務側でのすべきことが多くある経営統合プロジェクトにおいては、経営直属の専任組織が設営される。M&Aを繰り返す金融機関等においては、こうしたノウハウはすでに確立している。

一方で、ITシステムの小規模改修などは、そこまで手厚い管理は行われない。システム部門内でシステム開発の進捗を管理し、業務側の準備はユーザー部門が担当して、問題がない限りは別々に進めることが多い。稼働日さえ連携すればリスクがないと判断してのことなので、こうしたやり方には合理性がある。

しかしながら、業務側とITシステムの一体管理がきわめて重要であるにもかかわらず、意外とバラバラに進められているのが、インターネット等の商品・サービス開発プロジェクトだ。これらのシステム開発規模は、経営統合プロジェクトと比べると小規模で、かつ開発サイクルが短く頻繁なので、**スピード重視でプロジェクト管理が手薄になりやすい**ので要注意だ。

■業務側が先行して、システム側が日程変更できなくなる

企業の商品を掲載するサイトをリニューアルするプロジェクトの例である。新商品の追加と顧客企業が使うインターフェースの改善によって、売上増加を目指すものである。ま

た、リリース時には全国の営業拠点で一斉にキャンペーンを行い、新商品を一気に広める計画だった。

順調にプロジェクトが進んだように思われたが、テストフェーズで考慮漏れが多くあることが発覚した。短いスケジュールだったので要件定義中に有識者によるレビューが十分にできず、細かな業務要件が考慮されていなかったのだ。

元々スケジュールに余裕がなかったので、システム部門は納期の延長をユーザー部門に打診した。しかし、ユーザー部門はすでに顧客に営業活動を開始し、リリース日も公表していた。リリース日を延期するには、顧客への謝罪と返金が必要だった。

また、コストをかけてシステムの操作マニュアルの冊子を製作していたので、一部機能のリリースを見送って改修・テストの工数を減らすにも、操作マニュアルを作り直すコストと再配布が必要だった。

経営層、ユーザー部門、システム部門での協議を経て、予定通りのスケジュールでリリースを行う決断をした。**すでにリリース日を公表していたので、延期をすると顧客のビジネスに影響を与えると考えた**からだ。

しかし、システムをリリースすると、顧客の商品の画像が表示されない等の**障害が発生**

して、一部の顧客に返金を行うこととなった。システムの改修とデータのリカバリーのため、ベンダーを二四時間体制で稼働させる必要があり、**稼働後に追加コストも発生**してしまった。

本来は、業務側の重要イベント、すなわち対外発表、マニュアル発注、顧客への営業開始などに着手する直前には、プロジェクトの遅延リスクを評価して、GO／NO GOを判定する必要があった。その時点であれば、合理的なスケジュール変更の判断もできたはずである。

しかし、**業務側の準備が後戻りできないところまで進んでいたため、何がなんでもシステムを間に合わせるしかない、という判断に追い込まれてしまったのだ。**

この場合、業務側の作業進捗と、システム開発の進捗を一体で管理し、作業間の相互依存関係を見極めて、経営判断のタイミングをコントロールしておく必要があった。だが、業務側とシステム開発を別々に進捗管理していたために、経営判断の機会を失ってしまったのだ。

■プロジェクト管理手法を2パターン準備する

すべてにおいて、業務側とＩＴシステムを一体でプロジェクト管理すべきだとは思わない。だが、商品・サービス開発プロジェクトの中には、システム開発自体は中小規模でも、業務側の準備にかかるコストや、営業上のインパクトが大きいケースがある。こうしたリスクの高い案件については、やはり業務側とＩＴシステムを一体でプロジェクト管理すべきである。

プロジェクト管理のやり方についても、軽重の二つのパターンを用意しておくのがよいということだ。そして、どちらのパターンで進めるのか判定するためには、プロジェクトリスクを評価するのがよい。開発に着手する前に、そのワンステップを入れるだけで、前述の例のような事態に陥るリスクを軽減することができる。

POINT！

経営層にとって

▼業務側とＩＴシステムの両面からプロジェクトリスクを見極めて、適切な管理

体制をとる

システム部門にとって

▼プロジェクト管理手法について、業務側タスクも一体で管理するパターンも準備する

▼プロジェクトリスクを評価した上で、適切なプロジェクト管理パターンを採用する

ユーザー部門にとって

▼後戻りできない業務イベントに着手する前には、システム開発の遅延リスクがないか、システム部門との相互チェックを行う

罠13 セミオーダーを選択して カスタムオーダーよりも高くつく

■パッケージ・ソフトはスクラッチ開発よりも高くつくリスクあり

ITシステムを構築するにあたって、自社の業務に合わせてゼロから作り上げるよりも、パッケージ・ソフトを導入するケースのほうが多い。パッケージ・ソフトとは、業務に必要な基本的な機能があらかじめ用意されているシステムのことである。たとえば、家電量販店で売られているような会計ソフトもパッケージ・ソフトだ。企業のITシステムにおいては、管理会計、営業支援、人事、倉庫管理など、業務領域ごとにさまざまなパッケージ・ソフトがある。**一通りの業務をカバーするERPも、パッケージ・ソフトの一つだ。**

パッケージ・ソフトは、典型的な業務フローを想定してベンダーが作ったものを利用するので、短期で低コストに導入できるはずだ。差別化にならない業務については、「吊るしのスーツ」で安く済ませるのは、まったくもって賢明な考え方である。多少のフィット感がなくても、例外ケースは人手で対応する等の工夫をすれば、業務は問題なく回せるものだ。

しかし、企業向けのパッケージ・ソフトは、「吊るしのスーツ」ばかりではないから厄介だ。

機能追加や改変ができる、いわば「セミオーダーのスーツ」があり、ユーザー企業を混乱させている。**スーツであれば、セミオーダーの値段はあらかじめ決められているのだが、企業のITシステムの場合は青天井だ。**カスタマイズをしすぎると、結果的にカスタムオーダー（スクラッチ開発と呼ばれる）よりも高くつくこともある。

吊るしは嫌だが、カスタムオーダーは高すぎるという企業が、**方針が定まらないままセミオーダーを選択してしまうと、高額な導入コストとランニングコストに悩まされる**羽目になる。

パッケージ・ソフト導入の要件定義の段階で大量のカスタマイズ要件が発生し、当初予算をオーバーしてしまう、というケースは非常に多い。また、**カスタマイズが厄介なのは、システム開発時だけでなく、システム運用後にも影響が発生すること**である。パッケージ・ソフト本体のバージョンアップの際にカスタマイズ部分に不具合が発生し、それを修正するための開発コストを負担するリスクを抱えることになるのだ。

■パッケージ・ソフトで進めるなら強力なプロジェクト推進能力が必要

パッケージ・ソフト導入を選択する際には、自社の業務とパッケージ・ソフトの相性を見るのが一般的だ。システム化対象の業務の独自性が高い場合や、またそれが競争優位である場合には、スクラッチ開発も有力な選択肢の一つだ。それでもセミオーダーのパッケージ・ソフトが選択される背景には、一部に独自性を出しつつ、標準部分はパッケージ・ソフトで早く安く導入するという狙いがある。

狙い通りにいくかどうかは、ユーザー企業がカスタマイズの量をコントロールできるか否かにかかっている。これには、現場の業務の変革にまで踏み込むのだ、という強い覚悟が必要である。そして、ユーザー部門とシステム部門が一枚岩となって協力することが不可欠だ。

中途半端な体制しか築けないならば、最初からスクラッチ開発で進めたほうがマシだ。

パッケージ・ソフト導入に求められるプロジェクト推進能力とは、次のようなものだ。

■経営視点でカスタマイズ対象を絞り込む

パッケージ・ソフト導入の成否を分ける最大の要素は、カスタマイズ要否の判断である。独自性を追求する業務を戦略的に絞り込み、その他は徹底的にパッケージ・ソフト標準のまま使うのが良い。**判断の視点は、「他社との差別化につながる機能かどうか」**である。その他の業務については、カスタマイズしないことによって多少不便な点が生じたとしても、それが他社との差別化や競争力強化への寄与が少ない機能であれば、できるだけ金をかけないのが得策だ。

しかし、現場に判断を委ねると「どうしても業務を変更できない」「これまで使っていたものと同じ帳票を再現したい」という声が少なからず発生する。現行システムよりも不便になることを、どうしても受け入れられないのだ。前述したように、現場のユーザーは、自身の担当業務が少しでも不便になることは避けようとするものだ。

また、「せっかくシステムを刷新するならば、欲しい機能がある」「分析を高度化するために、こんな帳票を新しく出力したい」と、今まで却下されて諦めていた案件が再浮上する。無論、これらの緊急性や必須性は低い。

このような**ユーザーからのカスタマイズ要望をいちいち取り入れていたら、確実にコストは跳ね上がる**。つまり、現場の声に引きずられることなく、経営視点からカスタマイズ対象を絞り込むことが必要となる。

■業務とITシステムの代替手段を立案すること

パッケージ・ソフトをうまく使って業務を回すための創意工夫も必要だ。現行システムでは自動化されていた例外業務を、手作業で行うことが必要になることもあるだろう。そもそも例外そのものをなくせないか、ゼロベースで考えることも必要だ。

よく「パッケージに業務を合わせろ」という表現がよく使われるが、これは誤解を生みやすい。正しくは**「道具はパッケージ・ソフトしかないので、業務と体制をうまく設計し**

ろ」である。設計できないとしたら、業務の専門家とは言えない。考え抜いて業務設計した結果をもって、初めてカスタマイズすべきか否かの正しい判断が行える。「合わせろ」と言うから、「合わせられない→カスタマイズ」という構図を安易に生み出してしまうのである。

業務面の検討に加えて、ITシステムの代替手段も考える必要がある。たとえば、カスタマイズ帳票を追加すると費用がかかるが、ユーザー自身がデータベースから自由に項目を指定してデータ出力することも可能だ（EUC［End User Computing］と呼ばれる）。エラー対応時の調査などは、定型帳票を出力せずとも、こうした機能によって代替できることも多い。EUCは、多くのパッケージ・ソフトに標準機能として実装されている。

また、**社内申請・承認の決裁フローは、ERPの中に作り込もうとすると巨額のカスタマイズ費用が発生しやすいが、こうした機能は外だしして、より廉価なツールで運用する**ことも考えられる。組織変更等が頻繁にある企業においては、その都度ベンダーにシステム改修を発注するよりも、早く安く対応できるので得策だ。

こうした代替手段の検討は、決して簡単ではない。**ベンダーにカスタマイズ要望を出すほうがずっと楽なので、漫然としていると易きに流れてしまいかねない。**業務側とITシステムの双方の知識と、叡智が必要とされるのだ。

■カスタマイズの適正化をベンダーに期待しない

ベンダーがカスタマイズ量を適正化してくれるとユーザー企業が期待しているとしたら、大きな誤解である。要件定義を行うベンダーにとって、カスタマイズは自社の売上増につながるので、その必要性を精査するインセンティブが働かない。

特に、**カスタマイズを担当するベンダーが、パッケージ・ソフト製造元とは異なる場合は要注意だ**。彼らにとっては、ユーザー企業がカスタマイズをたくさんして、その導入および保守に多大な人件費をかけるところが商機だ。パッケージ・ソフトを代理店として販売するだけでは、あまり儲からないのだ。**カスタマイズ量を適正化するどころか、むしろ増長する**ことが懸念される。

つまり、パッケージ・ソフト導入においては、ユーザー企業側で相当のコスト意識を持って、カスタマイズの量をコントロールしないと、「仰せのままに喜んでカスタマイズします」というベンダーの言葉に乗ってしまい、莫大な費用を負担することになるリスクが、とても高い。

■経営層・ユーザー部門・システム部門の協力体制が不可欠

これらのカスタマイズ要望をコントロールしなければならないのは誰だろうか？　システム部門は必ずしも業務に精通しておらず、実際の業務を担当しているユーザー部門からの要望を精査することは難しいことも事実である。この点を補強すべく、以下のようなポイントを、要件定義時の体制作りの基本として押さえるべきだろう。

●システム化方針について経営層で合意

カスタマイズは他社との差別化になる業務に限定し、その他はパッケージ・ソフト標準に合わせるという基本方針について、トップダウンで方針を徹底する。多少の業務負荷について現場の理解を得られるように、各ユーザー部門の経営層の間でも、システム化方針について、意思統一しておく。

●ユーザー部門のキーパーソンの巻き込み

プロジェクト推進のコアチームは、システム部門だけでなく、ユーザー部門のキーパーソンを巻き込む。現場への影響力がある人物を味方につけて、システム化方針を徹底させる。

●カスタマイズ要望が簡単に上がらない仕組みの整備

現場が安易にカスタマイズ要望を上げにくい環境をつくる。たとえば、カスタマイズを「例外要望」と呼称し、申請にはあえて手間のかかる「要望書」の記載を義務づけ、社長決裁など敷居を高くする。ある企業では、要件定義セッションを、「新システム機能説明会」と呼称して、パッケージ・ソフトの標準機能の利用が大原則であるという意識を徹底させていたが、こうした意識づけの工夫も重要だ。

これらは成功要因というよりも、パッケージ・ソフト導入を選択するための必須要件といえる。こうした覚悟と体制が整っていない企業は、むしろスクラッチ開発の方針でシステム構築に取り組んだほうがよいぐらいだ。**安易にパッケージ・ソフトを選択すると、べ**

ンダーの構築・保守費用と、パッケージ・ソフトのライセンス費用の二重負担に苦しむ結果になりかねない。

POINT！

経営層にとって

▼パッケージ・ソフト導入においては、カスタマイズ方針について、トップダウンで全社の意思統一を徹底する

システム部門にとって

▼現場のユーザーからのカスタマイズ要望をコントロールする仕組みを整備する

▼カスタマイズをせずに業務を回すための、ＩＴシステム面の代替策について知恵を絞る

ユーザー部門にとって

▼パッケージ・ソフトをうまく使って業務を回すために、業務フローと体制を創意工夫する

第3章

システム保守の罠

保守コストは下がらないものと思っていませんか？

- ☑スパゲティ化したシステムは、作り直すしかないのか？
- ☑なぜＩＴシステムはブラックボックス化してしまうのか？
- ☑保守コストを適正化するには、どうしたらよいのか？
- ☑システムごとにベンダーがバラバラだが、集約すべきか？
- ☑メインベンダーの提案力がないと感じるのはなぜか？

……疑問がすべて解消する！

罠14 システムのスパゲッティ化を解決するために再構築する

■スパゲッティ化とはどういうことか？

システム部門やベンダーが「システムがスパゲッティ化している」と語るのを聞いたことがないだろうか。たとえば、システム改修の見積もりで想定以上にコストがかかるときに、システムがスパゲッティ化しているためにコストがかかる、というようなことだ。あるいは、システム障害が発生した際に、スパゲッティ化で品質が悪化しているという報告がされることもある。

そして、**スパゲッティ化を解きほぐすために、ITシステムの再構築が必要との議論が起こりがちだ。**ベンダーから、スパゲッティ化を解消するソリューションの提案もある。

しかし、ここでふつふつと素朴な疑問が湧いてくる。

□スパゲッティ化とは何だろうか？
□解消しないとどうなってしまうのか？
□再構築が最善の解決策なのだろうか？

■スパゲッティ化は過去のもの

本来のスパゲッティ化とは、ソフトウェアプログラムのロジックや処理順序が把握しにくく、システムの改修や機能追加が困難なプログラムを指している。ソフトウェア品質が劣悪な状況で、一九八〇年代以前のシステムでよく発生していた。当時はプログラムを構造的に記述する方法論が確立しておらず、製作者以外が見ても処理順序が理解できないソフトウェアが作られていた。そのようなシステムを改修しようとすると、どこに何が書いてあるかがわからなくなり、見落としがあって修正ミスが発生することはよくあった。

その後、プログラミングの方法論が急速に確立して、幅広く採用され、ＩＴ業界において構造化プログラミングは成熟した。また、開発者を支援するツールも整備され、多少は複雑なシステムでも解析しやすくなっている。現在は当時のように悲惨なスパゲッティ化はほとんど発生しない環境に変わっている。一九八〇年代以前に言われていた、**スパゲッティ化したシステムは、ごくわずかに残る過去の遺物である。**

■再構築したところで何も改善しない

それなのに、なぜ現在でも「スパゲッティ化している」という報告がシステム部門やベンダーからされるのだろうか。

ともすると、自社のソフトウェア品質が劣悪な状況ではないかと思ってしまうかもしれないが、言葉のイメージが生み出す誤解である。システムの改修や機能追加に苦労しているのは事実だろうが、これは大規模システムにおいては必然だ。

今日では、ＩＴシステムの活用が進んで、社内外のシステム間でデータ連携しているので、連携先のシステムでもテストしなければならない。また、生産性向上のために機能の共通化・共用化を進めたのは良かったのだが、いざ共用部分に修正が入ると、テストが大変になるということもある。さらに、システム規模が大きくなるほど、調査やテストの負担が増大する。しかし、これらは宿命であり、ソフトウェア品質が悪いわけではない。そして手間と時間はかかるかもしれないが、改修できないわけではないのだ。

つまり、**「スパゲッティ化」という言葉に不安になり、システムを再構築したところで、生産性が劇的に向上するとは考えにくい。**ベンダーは生産性が高い開発方法として、たとえばＳＯＡ（Service Oriented Architecture）やオブジェクト志向を提案することがある。これらは、データと処理をワンセットのブロックとして、それらを組み合わせることでシステムを構築するものだ。しかし、システムで実現することが同じである限り、システム開発の主要作業、すなわち影響調査、要件定義、テスト等の工数はあまり変わらず、生産性向上の切り札にはならない。

■不要・不急の改修・機能追加はやらないほうが得策

では、どのようにすれば、**開発の生産性を低下させることなく、現行システムの保守を継続できるのだろうか？**

それには、不要・不急の改修や機能追加をしないことが一番の解決方法だ。

多くの企業では、一定人数のシステムエンジニアを抱えて、システムを保守している。大規模なシステムだと、一人で全範囲を理解して、万一の障害対応を行うことはできないため、数名で分担してお守りする。しかし、障害がないとやることがないので、些末なユーザー要望に対応して、改修や機能追加に営々と取り組むことになる。

しかし、改修・追加の度にシステム規模は増大し、後々のシステム開発の生産性は低下する。そうした保守を継続すると、年々、生産性が低下していくのだ。**不要・不急の開発は、一切やらないほうがいい**くらいだ。

システムエンジニアが暇ならば、システム開発以外の作業を行わせればよい。開発・運用手順の見直しや、積み上がった再発防止策の再評価・スリム化など、生産性向上の工夫はいろいろあるはずだ。

POINT!

経営層にとって

▼「スパゲッティ化」という言葉を鵜呑みにして、システム再構築に投資しない

システム部門にとって

▼開発要員が余っていても、不要な機能開発をしない

▼システムエンジニアの余剰工数は、システム開発以外の活動に振り向ける

ユーザー部門にとって

▼不要・不急のシステム化要求は、開発生産性を低下させるので、むやみに起案しない

罠15 ブラックボックス化したシステムの再構築に追い込まれる

■自社資産のＩＴシステムがブラックボックス化

企業のＩＴシステムは、新規構築して稼働した後も、変化し続ける。新商品が出たり、制度対応で業務手続が変更されたりする度に、ソフトウェア改変の必要性が生じる。ＩＴシステムは、そのソフトウェア改変をできるエンジニアと一体になってこそ、継続的に利用することができる。**「一〇年経過してもシステムの仕様がわかっており、管理できる状況に保つこと」**は重要だ。この業務は、**「システム保守」**と呼ばれる。

システム保守には、ベンダーに委託するケースと、社内のシステム部門に任せるケースがある。ベンダーに委託するのは、仕様変更のサイクルが比較的長い基幹系システム等が多い。開発や改変においては、発注企業とベンダーの間で仕様書が受け渡しされるため、仕様がきちんと明文化されて、行方不明になることは少ない。

一方で、社内のシステム部門に保守を任せるのは、ビジネスニーズの変化に合わせて頻繁に仕様変更の必要性が生じるシステムが多い。金融商品の運用システム等が典型だ。実は、このようなケースにおいて、「一〇年経過したらシステムの仕様がわからなくなり、管理できない状況に陥ること」が起こりやすいのだ。

こういったシステムはエンドユーザー（たとえば自社のフロント・ミドル部門）とシステム部門が、密接に協働して開発することが多く、それ自体は生産的なのだが、ビジネス要件等のユーザー仕様の文書化がどうしても手薄になってしまう。いわば、**仕様が開発現場だけで通用する暗黙知となってしまう**のである。

システム完成後は、開発に携わった「ＩＴシステムもビジネス要件もわかるエンジニア」がそのまま保守を担当するのが理想なのだが、実際はそうならないことが多い。そのような**「できるエンジニア」は、社内外を問わず需要が高く、往々にして別の部門に異動したり、社外からの引き抜きで転職してしまうことが多い**のだ。

保守現場は、仕様がわかるエンジニアが不在となり、システムはブラックボックス化してしまう。プログラムは自社資産であり、それ自体は開示されているのだが、どういうビジネス要件（ビジネス上の背景）に基づいて作られたのかがわからず、**どのプログラムをどのように変更すればよいかわからない**のだ。

これでは、プログラム仕様が開示されていないパッケージ・ソフトと同じなので、ブラックボックス化と呼ばれる。

■改修の際に大問題が起こる

ブラックボックス化しても、システムを改変せずに、そのまま利用し続ける分には問題はない。しかし、**何らかの改修（仕様変更等）を加えたい場合に、問題は顕在化**する。

一例を挙げて説明しよう。ある金融機関において、かつて大規模なシステムを開発した。それは、複雑な計算式が幾重にも組み込まれた社内用顧客管理システムだった。稼働後は、十数年にわたって問題なく利用された。

あるとき、制度対応のために、当該システムに大規模な改修を行う必要性が生じた。ところが、その時点において、システムの全容を把握している社員は誰一人いなかった。保

郵便はがき

お手数でも
郵便切手
をお貼り
ください

104-8233

東京都中央区京橋3-7-5
京橋スクエア11F

実業之日本社

「愛読者係」行

ご住所　〒
お名前
メールアドレス

ご記入いただきました個人情報は、所定の目的以外に使用することはありません。

お手数ですが、ご意見をお聞かせください。

この本のタイトル		
お住まいの都道府県	お求めの書店	男・女 歳

ご職業　会社員　会社役員　自家営業　公務員　農林漁業
医師　教員　マスコミ　主婦　自由業（　　　　）
アルバイト　学生　その他（　　　　）

本書の出版をどこでお知りになりましたか?

①新聞広告（新聞名　　　　　）②書店で　③書評で　④人にすすめられて　⑤小社の出版物　⑥小社ホームページ　⑦小社以外のホームページ

読みたい筆者名やテーマ、最近読んでおもしろかった本をお教えください。

本書についてのご感想、ご意見（内容・装丁などどんなことでも結構です）をお書きください。

どうもありがとうございました

実業之日本社のプライバシー・ポリシー（個人情報の取扱い）は、以下のサイトをご覧ください。http://www.j-n.co.jp/

守要員は開発からしばらく経った後に配属されていた社員ばかりで、直近の小規模な改修箇所しかわからないという。また、開発当時の社員は皆退職しているか、配置転換されて長い月日が経ち、仕様を忘れてしまっているかのどちらかであった。そして**仕様書もまた、幾度にもわたる配置転換に伴い、担当者が紛失したか、もしくは散逸してしまっていたのだった。**

プログラムは開示されているので、調査は不可能ではないが、きわめて難航した。まずは、システム全体にわたって、「誰も仕様がわからない部分」が洗い出された。次に、そのうちの一部について、詳細調査と改修を実験的に行い、作業工数が計測された。その実績から**全体工数を推計したところ、ゼロから再構築するのと同等の費用がかかるという結果になった。**

■ユーザー仕様の引き継ぎがマスト

この問題の厄介な点は、制度対応等のためにシステム改修の必要性が生じた際に、ＩＴシステムをゼロから作り直すか、それと同程度の大規模な調査・改修を実施するか、いずれにせよ大きなコストを負担せざるを得なくなる点にある。しかも、正しい要件がわからない状況で、再構築にせよ調査・改修にせよ、成功するとは限らない。

つまるところ、保守担当者が異動・転職する際に、きちんと引き継ぎを行わなかったツケが溜まってしまったのだ。引き継ぎには手間と時間がかかり、それもコストである。しかし、**都度コスト負担をして引き継ぎを行うほうが、知らぬ間にブラックボックス化という見えない負債を抱え込むよりは、リスクが小さく得策だ。**

引き継ぎにおいては、プログラムの中身よりも、ビジネス要件がきちんと理解された状態を維持することが重要である。制度変更のようなビジネス上の変化には、ＩＴシステムの知識だけでは対応できない。**ビジネス上の背景や理由を理解できる人材を維持しなければならない。**

■ビジネス要件の責任者を明確化すること

つまり、ビジネス要件の保守管理責任を明確にする必要がある。開発したシステムのユーザー仕様を文書化・管理し、変更の必要性が生じたときや間違いが発生したときに責任を負い、対応方針を決定する部署を定めることだ。

ビジネス要件は、ＩＴシステムを構築したシステム部門が知っていて当たり前だと、丸投げしたつもりになるのは危険だ。多くの場合において、システム部門は自らの責任を、データの伝送方式等の技術的な仕様と限定して、ビジネス要件は、実際にシステムを利用しているエンドユーザー（ミドル・フロント部署）の責任範囲だと考えている。**責任の押しつけ合いによるポテンヒットが起きやすいのだ。**システム部門に責任を押しつけるだけでは、実質的に機能しない可能性がある。

管理責任を持つ部署は、ユーザー部門とシステム部門のいずれでもよいが、次のような点で判断するのが良いだろう。

□担当者を比較的固定させやすいのはどちらか？（人事配置上、転職リスク上）
□ビジネスとＩＴシステムの双方のスキルを獲得・維持しやすいのはどちらか？

また、どちらの部門が担当するにせよ、メイン担当者とサブ担当者を定めて、複数名で担当範囲をオーバーラップさせるようにすることが好ましい。急な異動や転職があった際に、引き継ぎがスムーズに行えるためだ。

POINT!

経営層にとって

▼保守を内製しているシステムについて、ビジネス要件の管理責任部署を明確化する

ビジネス要件の管理責任部署（ユーザー部門／システム部門）にとって

▼メイン・サブの一領域二名の管理体制を整え、引き継ぎの手続きを明確化する

罠16 システム部門に任せて保守コストが下がらない

■システム保守コストは過剰になる傾向

企業内で利用されるＩＴシステムは、ベンダーに保守業務を委託するのが一般的だ。保守業務とは、ユーザーからの問い合わせへの対応、システム障害発生時の対処、システム機能の改善、組織変更や引っ越しに伴うシステム設定の変更などである。業務ソフトウェアの保守に関する契約や、ハードウェアやネットワーク等のＩＴインフラを最適に保つための契約がある。システム保守の業務委託コストは過剰になる傾向があり、これには二つの理由がある。

一つ目の理由は、**保守ベンダーが競争環境下に置かれていない**ことだ。システム保守の委託先は、コンペなしに、初期開発を担当したベンダーに決定される場合が多い。前述のような業務を行うには、ITシステムの細かな仕様まで理解している必要があるため、他のベンダーが受託するのは難しいのだ。保守ベンダーを変更するには、業務移管に数カ月〜一年程度の期間と、それに相当する移行コストが必要となる。

初期開発を担当したベンダーも、このことを承知しているので、彼らの見積もりは、多くの場合において割高である。要員単価が割高というだけではなく、業務委託の量と質が過剰になっている。つまり、**必要な業務量に比べて要員が多すぎる、簡単な仕事に上級システムエンジニアを配備している**、という場合も散見される。

二つ目の理由は、**業務量が減少しても、契約が見直されないで放置される**ことだ。システム保守は、ベンダーと一年間の固定金額の契約を締結して、一定数の保守要員が、システム部門内に常駐するのが典型だ。ベンダーとの保守契約の年次更新は、金額も要員も横スライドで行われることが多い。一方で、システム保守の業務量は年々低下するのが通常なので、余剰が生じるのだ。

保守業務は、システム構築が完了して稼働開始したときから始まるが、このときは比較的忙しい。まず、システムが一旦完成して納品されたとしても、必ず何らかの不具合が混入している。保守ベンダーは、問い合わせ対応、障害復旧、不具合の修繕などに追われることになる。

また、この時期はシステム機能改善の案件が山積みだ。システム構築プロジェクトは、スケジュールと予算の制約の中で遂行されるため、数多くのユーザー要望が未実現のまま、稼働日を迎えることが多い。多くの未対応案件（バックログ）を抱えて、新システムは稼働を開始する。**新システムの稼働日は、機能改善の開始日**なのだ。

ただし、このような状況は長くは続かない。一年間も運用すれば、一通りの業務パターンでシステムが利用され、新たな不具合が出なくなる。機能改善のバックログにおいては、重要な案件、緊急性の高い案件が減少していく。また、担当者のスキルレベルは年々向上するはずである。システム保守の業務量は、稼働直後の一、二カ月がピークで、その後は少しずつ減じていく。

■システム部門は保守コスト削減には消極的

しかし、システム部門は、これらのコスト削減には消極的である。いかにコスト高でも、要員が入れ替わると再教育負荷がかかるし、品質が劣化してシステム障害が起きるのも心配だ。また、人数にはできるだけ余裕を持っておきたい。リソース不足でシステム開発が遅延するのは避けたい。本来は社員がやるべき委託範囲外の仕事を、ベンダーに肩代わりさせていることもあり、人数が減ったら自分が忙しくなってしまう。

稼働直後の戦線状態が、システム部門のトラウマになっていることもある。

障害発生や不具合に対し、緊急・迅速な対応をユーザー部門から要求され続けて、限られたベンダー保守要員で対応してきたのだ。いつ同じような状況が起きるかわからない。**いざというときのために、少しでも余裕を確保しておきたいのだ。**

もちろん、このような説明が、素のままにされることはない。システム部門は現状維持の必要性を、「現行システムに関する知見・スキルが必要」「フル稼働していて常に人が足りない状態」と表現する。鵜呑みにはできないと思っても、現場が言うならば信じるしかない、と経営層も諦めてしまいがちである。

■トップダウンで効率化目標を設定する

システム保守については、稼働当初から年次で逓減するトップダウンの目標設定が必要だ。要員が常駐する業務委託においては、効率化目標をベンダーと合意し、その達成状況を報告させよう。業務量に応じた適正な要員数について双方で確認し、課題認識や目標の見直しについて合意するのだ。

そして、これらの条件交渉は、初期開発のベンダー選定の際に、ベンダーが競争環境下にある状況で行わなければならない。開発に着手してしまった後からでは、保守ベンダーの変更は困難であり、ベンダーはそれを承知の上で馬耳東風を貫き通すので、交渉の難度は格段に高くなってしまうからだ。

目標に未達の場合にベンダーにペナルティを設定すべきか否かは、ケースバイケースだ。ペナルティを設定すると、ベンダーがリスク相当のコストを料金に上乗せしてくる可能性がある。努力目標として合意して、未達の場合には改善を求めるというサイクルを回すほうが、成果を刈り取りやすいこともある。ベンダーの特性を踏まえて判断するのが望ましい。

なお、アウトソーシング契約の場合には、保守要員が徐々に減っていく前提で契約期間中の費用が算定されているかチェックが必要だ。

コスト見積もりには保守的な大手ベンダーでも、年八％程度の生産性向上を前提に、アウトソーシング料金が設定されていることがある。システムの規模、特性、稼働時の品質等によって異なるため、これらを踏まえた条件交渉が必要とされる。

POINT！

経営層にとって

▼システム保守料の効率化目標をトップダウンで設定する

システム部門にとって

▼システム保守の価格・条件交渉は、初期開発のベンダー選定時に、併せて行う

▼システム保守ベンダーの体制を、業務量に応じた適正人数、業務内容に応じた適正ランクに、継続的に毎年見直す

罠17 システム保守は人がいる分だけ仕事が生まれる

■システム保守は何人いてもフル稼働する

システム保守要員の稼働状況は、経営層からよく見えていない。システム部門においても、実態がわかる作業報告書がなく、担当者が肌感覚で知っているだけ、というケースは実に多い。それでも、明らかに仕事が少なく稼働率が低ければ、ベンダー保守要員削減や契約の見直しに踏み切れるかもしれない。

しかし、**多くの場合、ベンダー保守要員は、常に一〇〇%稼働しているのだ。一体なぜだろうか？**

その業務内容を見ていくと、稼働直後と数年を経た後ではまったく異なる。稼働後数年経つシステムにおいては、重要かつ緊急の仕事は激減しており、**やらなくても誰も困らない仕事に費やされる時間が増加しているのだ。**

システムが安定稼働ステージに入っても、機能改善案件は尽きることがない。重要でも緊急でもなく、金をかけてまでやる必要はないが、あったほうがまし、というような機能改善の申請は常にある。起案するユーザー部門は、システム保守コストについて意識していないか、または意識している場合には固定費だと考えているのだ。そして、ベンダー保守要員の余裕時間は、あまり重要とはいえない機能改善案件に費やされ続ける。

ユーザー部門から要望が上がらなくなった場合でも、システム保守で仕事を作り出すことは容易だ。設計文書を再整備する、念のために再テストする、画面や帳票の見た目の微調整をする、システム開発の作業効率を上げるためのツールを開発するなど、いくらでも思いつけるのだ。

機能改善案件の一覧を見ていると、起案者がベンダー担当者のケースも考えられる。**ユーザーが問題視していない、または気づかない些細な改善ポイントを、ベンダー担当者が思いついて、自分で起案して自分で修繕しているのだ。**

もちろん、ベンダーが勝手に作業に着手することは許されず、システム部門の承認は必要だ。しかし、他に優先すべき案件がない状況においては、そうしたマッチポンプ的な案件が、バックログの上位に浮上する。他に頼むことがないので、システム部門はそれを承認し、ベンダーが着手することになる。

経営層が目にするのは、ベンダーから提出される業務報告書までで、システム改善の案件一覧までは読み解かないであろう。そして、業務報告書上は、ベンダー保守要員はフル稼働している。人数を減らしたら、システムの保守・維持に支障をきたすと言わんばかりだ。

システム運営会議に参加して、業務報告書を見るだけでは、本当に重要・緊急の仕事がどれだけあるのかはわからない。

■システム保守の業務内容と体制を可視化する

このようなケースに対応するには、保守ベンダーの業務内容と体制を可視化することから始めなければならない。

保守ベンダーからは定期的に運営報告書が提出されているのが一般的である。しかし、この内容は大変お粗末な場合が多い。何をどう報告するかについて、発注者側でまったく指定していないからである。**保守ベンダーが、報告したいことを、報告したいように、報告している。**

定例の報告会議には、保守ベンダーからは一〇人近いメンバーが参画することもある。大抵において会議は形式的で、システム部門からまったく質問が出ないこともある。報告内容について、良いとも悪いとも判断できないからである。悪いと判断される可能性があるような報告書を、保守ベンダーが自ら作成してくるはずがない。

蛇足だが、定例会議の報告資料作成にかかる工数や、会議参加の時間についても、もちろん保守料に含めて請求されている。

システム保守の報告書には、次の内容を含めるよう強く要請しよう。

□作業項目の明細と、各作業に必要なスキルが理解できる説明
□各担当者のスキルレベルと要員単価
□作業項目ごとの発生件数と実績工数
□サマリーおよび担当者ごとの明細

□過去推移と変動要因

中堅以下のベンダーの場合には、要請すれば素直に応じてくれる場合がほとんどだ。大手の場合には、現場の営業担当者が出し渋る場合もある。しかし、**ベンダーの部長や役員クラスに申し入れれば、きちんと対応してくれる**はずだ。上位層ほど、目先の損得よりも、中長期での顧客リレーションシップを重要視するからだ。

業務内容と体制が明らかになることで、作業と要員スキルレベルを適合させ、不要な業務を効率化し（たとえば、会議の参加者を絞るなど）、業務量に合わせた人数の最適化などが議論できる。

POINT!

経営層にとって

▼システム保守の業務内容の可視化を指示する

▼要員数および要員ランクの妥当性についての説明を求める

システム部門にとって

▼委託先のベンダーの業務内容と体制を可視化する

▼現行の保守体制ありきではなく、効率化のオプションを経営層にわかりやすく提示して、選択してもらう

ユーザー部門にとって

▼ITシステムの機能改善は、重要・緊急のものに厳選して起案する

罠18 ベンダーを集約したのに保守コストが増えてしまう

■周辺システムの保守ベンダーはバラバラになる

企業にはさまざまなＩＴシステムがある。一番大きく中核をなすものは基幹システム、その他のものは周辺システムと呼ばれる。**中堅〜大企業においては数十、大手金融機関の場合は数百の周辺システムが存在する。**

これらの周辺システムは、あるときに同時に導入されたわけではない。企業の取り扱う商品ラインアップは年々変化するし、法制度などにより業務手続きが追加されることもある。業務量の増加により、ＩＴシステムの入出力を効率化するニーズも生じてくるだろう。都度、最適なパッケージ・ソフト、ベンダー、システム構成を検討して、さまざまなタイプの周辺システムが構築される。

経営統合があると周辺システムの数が一気に倍近くに増える。会計や顧客管理などの基幹システムは統合されても、周辺システムは放置されるケースが多い。このような経緯を経て、**さまざまな周辺システムと多様なベンダーが林立することになる。**

ベンダーやコンサルタントの中には、全体最適の観点から都市計画をきちんと立てるべきだとの主張もある。つまり、製品やベンダーがバラバラにならないように、あらかじめルールを決めておいて、計画的にＩＴシステムを拡充していくべきという考え方だ。ＥＡ（エンタープライズ・アーキテクチャ）と称して、有償でコンサルティングを行うこともある。

しかし、この至極まともな理論に則って、実務が行われているケースは稀である。そのときに、ユーザーにとって良いものを、安く早く導入することが最優先とされ、都市計画は二の次である。**システム美学よりもビジネスを優先するのが、現場の実態だ。**実際には都市計画すらない企業のほうが多い。

そして、そのときに最適な買い物を続けると、周辺システムの保守ベンダーはバラバラになる。

■ベンダー分散によりシステム保守に分割損が生じる

ITシステムの保守ベンダーがバラバラだと、保守体制に無駄が生じる。小さなシステムの場合、保守作業は要員一人分に満たないからだ。

保守作業とは、ユーザーからの問い合わせ対応や、システム障害時の復旧や修繕などである。いざというときには対応スピードが求められるので、そのシステムのことをわかっている人を、少なくとも一人は置いておきたい。しかし、平常時においては、一人分の仕事がないのだ。一人で複数のシステムのお守りをすればよいのだが、ベンダーが異なると、そうした融通はきかない。

昨今では海外の安価な要員が、ITシステムの改修作業を担うことがあるが、ある程度まとまった作業ボリュームがあることが前提だ。中国、インド、ベトナムなどのシステムエンジニアに日本語を学習させて、日本で作成した日本語の仕様書を渡して、プログラミングを担わせるのだ。

または、彼らがエンドユーザーと直接に日本語で会話して要件を確認し、仕様書作成～

プログラミングまで一気通貫で担うケースもある。これは**オフショア開発**と呼ばれ、現地の要員単価は、日本の半分以下が目安だ。しかし、こうした施策も、小さなシステム一つだけでは、投資に見合う効果を得ることができない。

そこに目をつけたのが、**大手ベンダーによるシステム保守のアウトソーシング**だ。さまざまなベンダーが保守している複数のシステムを、まとめて面倒を見るというサービスだ。

彼らは半年～一年程度をかけて、各システムの仕様を学習し、保守作業のトレーニングを行った上で、現行ベンダーの仕事を巻き取ってしまう。一人で複数のシステムの面倒を見て、海外の安価なシステムエンジニアを使いながら、コスト削減を行うのだ。

学習・トレーニング期間は、現行の保守ベンダーとの二重体制になるため、一時的には費用増となるが、規模と管理状況（たとえば設計文書が整備されているか等）によっては、移行一時コストを回収して余りあるコスト削減効果が得られることがある。条件次第では、理にかなったコスト削減策になるはずだ。

■大手ベンダーのおまとめサービスでコスト増

しかし、システム保守のアウトソーシングを行った結果、システム保守にかかるコストが増えてしまうことがあるので要注意だ。**アウトソーシング先の大手ベンダーに追加料金を取られることがある**からだ。

システム保守契約において、どこまでが業務委託範囲で、どこからが別途に料金を徴収する追加業務なのかについては、商習慣上の明確なルールはない。可能な限り具体的に定義して、契約締結前に合意しておくべきであるが、このプロセスはベンダー主導になりがちである。**ベンダーは多数のアウトソーシング契約を締結している百戦錬磨であるのに対し、ユーザー企業は、ほとんどの場合、初心者**である。

大手ベンダー主導で定義される業務委託範囲が、最低限の必須作業に限定されていて、以前のベンダーが行っていた業務が別途料金の対象になることがある。たとえば、ユーザー要望に基づくシステム改修作業や、データ調査・抽出作業などが典型的だ。つまり、**一見コスト削減に見える大手ベンダーの提案だが、対象範囲がビフォーとアフターで一致**

していないのだ。たとえば次のように提案される。

・現行保守ベンダーには、総額Ｘ円支払っている
・業務範囲は明文化されていない
・当社は「業務リストＡ」という範囲で一括して保守を行い、料金は「条件Ａ」である（総額Ｙ円）
・その他の業務については、必要に応じて別途料金にて対応する。料金は「条件Ｂ」

この場合、大手ベンダー提案のＹ円は、現行のＸ円よりも割安に見えるようになっている（たとえば▲二〇％）。そして、「業務リストＡ」が、現行保守ベンダーの業務範囲と一致しているか否かについては、積極的には触れていない。

しかし、実際は「業務リストＡ」以外の作業を委託しており、「条件Ｂ」で追加依頼することになる。そして、別途料金の「条件Ｂ」の要員単価が、現行保守ベンダーよりも割高に設定されていると、支払総額が増えてしまう。

現実に、この指摘をユーザー企業が行うことはきわめて難しい。日本の保守契約は、欧米のようにサービス範囲が明確化されていないケースがほとんどだ。その上、現行保守ベ

ンダーの業務内容・業務量がきちんと管理・報告されていない場合が多い。ユーザー企業は、ベンダーに何をどれだけ頼んでいるのか、現状が把握できていないのだ。

さらに、日本の保守ベンダーは新たな仕事を作り出すのが上手で、必須とは言えないが、かゆいところに手が届く作業を積み上げていく傾向がある。エンドユーザーには止めさせる理由もなく、ベンダーは適切に忙しく要員を削減されないで済むので、こうした作業は膨らみがちだ。

そして、この状況を続けると、委託元自身が把握できていない作業を、ベンダーに委託しているという、大変不思議な状況が生まれてしまうのだ。

一方で、アウトソーシングを行うベンダーは、提案前に調査を行うので、ある程度の実体を把握しているはずである。その上で、確信を持って、先に解説したように提案するのだ。

■業務範囲と契約条件のチェックが肝要

システム保守にかかるコストを増やさないためには、アウトソーシング先の大手ベンダーの提案する業務範囲を、よくチェックしなければならない。現行保守ベンダーの業務は全容が解明されているか、ビフォー・アフターは同範囲か、納得できるまで問いただす必要がある。

そして、コスト削減効果の試算をベンダー任せにしないことだ。**ベンダーがプレゼンテーションで提出するコスト削減グラフを鵜呑みにしてはならない。**締結しようとしている契約条件に基づいて、現行保守ベンダーが行っている業務内容・業務量すべてを委託した場合、総額がいくらになるのか、発注者側が自らの手を動かしてきちんと試算してみるべきだ。

ベンダーが提供するアウトソーシングサービスの範囲や形態は、年々進化している。それなのに、**システム部門には、必ずしも調達や契約のプロフェッショナルがいるとは限らない。**企業によっては、自社開発を中心に行ってきたシステムエンジニアを中心に、システム部門が構成されていることがある。彼らは自分でシステムを構築するのは上手だが、ベンダー交渉や契約が必ずしも得意ではない。つまり、**近年のアウトソーシング化の流れに、システム部門の組織能力がついてきていない**のである。

大手ベンダーとアウトソーシング契約をして移行作業に着手したら、簡単には後戻りで

きない。そして、コストが増えることに気づくのは、移行が完了して、大手ベンダーからの保守料の請求が始まった後である。**契約前の準備段階で、手間と時間を惜しんではならない。**社内の組織能力が不足する場合には、外部採用等も検討すべきである。

POINT！

経営層にとって

▼ベンダー集約によるコスト削減においては、集約先ベンダーとの契約内容を精査できるプロフェッショナルを体制に入れる

システム部門にとって

▼ベンダー集約による保守コスト削減を検討する

▼ベンダーの提案を鵜呑みにせず、業務範囲やコスト削減効果を、自らの手を動かして検証する

罠19 メインベンダーの提案に期待してコスト改革が進まない

■コンペをしないと割高な見積もりとなる

ITインフラサービスの調達にあたり、見積もりを取った際の話である。現行のメインベンダーを指定する事情があり、コンペを行わなかったところ、割高なテクノロジを前提にした見積もりが提示された。

ITインフラを廉価に仕上げる選択肢として、OSにオープンソース採用を検討するのは、技術者の間では常識である。OSとはITシステムに必須とされる基本ソフトで、パソコンのウィンドウズもOSである。企業システムのサーバーOSには、ベンダーが独自開発した商用ソフトと、設計図が無償公開されているオープンソースと呼ばれるものがあり、後者のほうが廉価だ。

しかし、大手ベンダーの見積もりは、自社の商用ソフトを前提としており、オープンソースは選択肢としても提示されていない。そこで**オープンソースを指定して再見積もりをとったところ、三〇%のコストダウンができた**事例もある。

ベンダー任せにするとコスト削減上の重要な選択肢が提示されないという典型例だ。ベンダーにとっては自社の商用ソフトのほうが儲かる。

ITインフラサービスは価格がすべてではない、品質を重視して提案した、とベンダーは言うかもしれない。しかし、商用OSのランニングコストが高いので、現行システムをわざわざオープンソースOS上へ移植する企業もある時代である。新規調達にあたって、高価な商用OSを唯一の選択肢として提案するのは理屈に合わない。

このような提案を是正させるためには、ユーザー企業自身が、ある程度テクノロジの目利きができる必要がある。それが難しい場合には、**コンペを行って複数社の提案を受けて比較し、納得できるまでベンダーに問いただしていく**アプローチが必要だ。

■現行ベンダーはコスト改革に役立つ新サービスには消極的

ここ数年で、ＩＴインフラの調達価格は大幅に下がっている。ＩＴインフラはＩＴシステムを動かすための土台である。ＩＴインフラに含まれるのは、データセンター施設、サーバー等の機器、ＯＳ等だ。従来は、ベンダーが、これらをシステムごとに調達してＩＴインフラを構築して、その運用管理のために要員を手当てしていた。

しかし、ＩＴインフラはコモディティであるゆえに、運用規模が大きいほど効率的なので、共用サービスが普及してきた。バリエーションは多様で、データセンター施設のみ共用するものから、機器や要員も共用するものまであるが、いずれも自社単独で構築・運用するよりも効率的である。

ベンダーの多くは、従来の個別企業ごとのＩＴインフラ構築・運用をやりながら、共用サービス事業も立ち上げている。このＩＴインフラの共用サービスをクラウドと呼んで、積極的に販売活動を行っている。**ＩＴコスト削減のために、ＩＴインフラをクラウドに乗り換える企業が増えてきている。**

しかし、**現行ベンダーから、能動的にクラウドの提案をもらうことは、あまり期待できない。**そのベンダーは社をあげて、新サービスであるクラウドを積極販売しているにもかかわらずだ。

既存顧客においては、現行のＩＴインフラをクラウドに移行すると、ベンダーの売上は落ちる。今のまま非効率な機器調達や運用業務を漫然と続けていたほうが、ベンダーの営業は評価されるのだ。

また、大手のベンダーにおいては、サーバー等の機器部門と、クラウド部門が異なることがある。この場合、クラウド移行するとベンダー社内の利益相反が生じる。そうした社内調整が必要となる面倒な事態を自ら招き、しかも売上減少で業績評価も落ちるクラウド移行の提案を、現行ベンダーの営業担当が自ら持ってくるとは考えにくい。

現行ベンダーからの積極的提案がなくとも、ユーザー企業側でテクノロジの目利きができれば、現行ベンダーに提案を依頼することはできる。

だが、この場合でもクラウドに消極的で、市場競争力のある価格で提案してこないことが懸念される。現行のＩＴインフラを少し値引いて、クラウドの標準価格と比較して、あまり変わりませんと持ってくるケースが実際にあった。さらに、現行とクラウドのメリット・デメリットが比較されて一長一短だと説明される。

そうなると、多少の値引きに満足して、現行継続を選択してしまいかねないが、これでは完全に落とし穴にはまっている。**ITコスト改革について、現行ベンダーから妥当な提案をもらえると考えるべきではない。**ユーザー企業が適正価格を知るには、手間がかかっても相見積もりをとるのが、唯一無二の方法である。

■顧客第一主義のベンダーでもコスト改革は実践しない

ほとんどのベンダーは、顧客第一主義のようなものを理念として掲げているが、考え方としては「システム投資でビジネスを変革する」という意味合いが大きい。しかし、ITコスト改革については残念ながらベンダーの自発には期待できない。

ベンダーが中長期的視野で戦略的に考えれば、競合に顧客を奪われないために、顧客利益（顧客のコスト削減）を優先して一時的な売上減を受容するという考え方は成り立つ。しかし、ベンダーの多くは、保守サービスで安定的な売上と利益を受け取る環境に、すっかり慣れてしまっている。

当社のメインベンダーはそうではない、と言える読者もいるとは思うが、多くの企業は、現行ベンダーの危機感のない応対に困りつつも、ベンダー変更のリスク・コストの壁に阻まれて悩んでいる。これらの悩める企業には、隣の芝生が青く見えるかもしれないが、**我々が多くの企業の中に入ってみた経験では、青い芝生は見たことがない。**

■ユーザー企業自身でテクノロジ・モニタリングを行う

ＩＴコスト改革を推し進めるには、ユーザー企業にもある程度のテクノロジの目利き力が必要だ。**メインベンダー以外とも接点を持ち、特にＩＴコスト削減につながるテクノロジ動向を情報収集する**のは重要だ。そして、それらの採用について複数ベンダーからの提案を受けて、現行ベンダーを競争環境下において襟を正させる必要がある。

大企業のシステム部門は、現行体制の中で、テクノロジ動向のモニタリングをすでに行っているかもしれない。そうした活動を通じて培ったノウハウは、新規システム投資のテクノロジ選択においては、生かされているだろう。さらに、現行のＩＴコスト削減機会を抽出して、経営層にわかりやすく提示することが期待される。日々の業務に忙殺されていると、現行システムについては問題なく動いていれば良しとして、積極的なコスト改革は後手に回りがちだ。

中堅以下の企業のシステム部門の多くは、テクノロジ・モニタリングを行う体制整備から取り組む必要があろう。体制整備といっても、何人も要員をつぎ込むような話ではない。そうしたミッションを適任者に明確に与え、仕事の優先度を少し整理し、意思さえあれば十分に取り組める範囲のことである。

POINT!

経営層にとって

▼ＩＴコスト改革に関するテクノロジをモニタリングする体制を整備し、現行ベンダーに頼らない目利き力をつけておく

システム部門にとって

▼ＩＴコスト改革につながるテクノロジには常に目を開き、積極的にコスト削減機会を見いだす
▼ＩＴコスト改革に関する取り組みは、現行ベンダーに依存せずに、相見積もりを行う

第4章

調達・契約の罠

「一番安い」に飛びついて結果的に高くついていませんか？

- ☑ベンダーに水増し請求されているのではないか？
- ☑「安物買いの銭失い」にならないためには、どうしたらいいのか？
- ☑コンペをしたので最優良価格、というのは信じられるか？
- ☑保守コスト削減に取り組んだが、見落としはないか？
- ☑大手ベンダーとの保守料削減交渉が難航するのはなぜか？

……疑問がすべて解消する！

罠20 低品質システムの保守コストに泣き寝入り

■システム保守は現行ベンダーから切り替えられない

前章で述べたように、企業のＩＴシステムは、開発したベンダーとシステム保守の業務委託契約を締結するのが一般的だ。ＩＴシステムが納入されて稼働を始めた後でも、開発中のテストでは発見できなかった不具合が発見される。また、ＩＴシステムは長いものは一〇年以上にわたって使い続けられ、この間にさまざまな変更要望が発生する。これらの不具合や変更要望に対して、システムの修正・改善を続けていく作業がシステム保守だ。

システム保守には、システムの仕様に精通していることが求められる。保守はシステム子会社が担う等のルールがあるようなケースを除けば、開発したベンダーと保守契約を締結するのが通常だ。

保守契約の範囲には、障害対応が含まれる。ＩＴシステムに何らかの不具合が発生した場合、その原因を調査して早急に復旧し、根本原因を修繕するというものだ。この一連の業務は有償とされ、業務委託費の見積もりに含められている。

ここで疑問を感じる方はいないだろうか？

障害の原因は、プログラムの誤りや運用手順のミスなど、ほとんどにおいてベンダー自身にある。ベンダーの作業品質が悪いほど、不具合は多発し、ベンダーは保守契約で儲かる構造にあるのだ。

また、稼働直後であれば、保守契約の当事者であるベンダー自身が、瑕疵《かし》担保責任を負っていることもある。開発が請負契約の場合がそうだ。瑕疵担保期間は一年程度の場合が多いので、この間は瑕疵担保期間と保守契約期間が重なることになる。

瑕疵担保責任のあるＩＴシステムの修繕を、有償の保守契約の要員体制で行っているのではないか？　という疑義を抱かないだろうか。

■泣き寝入りする発注者企業

これらの疑問に対して、**発注者企業は無力であり、泣き寝入りしているケースが実に多い。**保守契約自体は完成義務を伴わない準委任契約が一般的だ。この場合、保守作業中のミスが不具合の原因だとしても、その復旧や修繕にかかる工数は有償となる。また、障害発生等についてサービスレベルが定義されていないと、ミスがどれだけ多発してもベンダーの責を問えない。

障害の原因がプログラムの不具合の場合、エラーの混入時期によって、瑕疵担保の対象か否かが異なる。**瑕疵担保対象となる初期構築時か、それとも稼働後の改修時なのかは、発注者には判別できない。**ベンダーに後者だと主張されると、修繕は有償と判断されてしまう。

保守契約で儲けるために、悪意を持って品質を劣化させているベンダーはいないだろう。しかし、**品質責任について、発注者企業が不利益な条件で契約していることが、あまりにも多い。**

開発契約を請負にしたことで、ベンダーが品質責任を負ってくれたと誤解していないだろうか？

ベンダーは、稼働後の不具合については、保守契約の要員体制で対応する予定だ。なんとか稼働できるレベルに達すれば、多少の品質不足はコスト負担にならない。**コスト増に直結する納期遅延はなんとしても回避して、品質に問題があっても稼働させてしまう、というのがベンダーにとっては、もっとも経済合理的**なのだ。

■保守契約の条件交渉が遅すぎる

保守契約は、開発期間中に締結されることが多い。業務委託仕様の前提となるシステム範囲や運用要件が、開発期間中に確定するからだ。そして多くの場合、保守契約の条件交渉もその際に行われるか、または交渉らしきことは行われずに、ベンダーの契約書の雛形そのままに契約されてしまうのだ。

しかし、品質責任については、開発と保守は切っても切れない関係にある。

□エラーの混入時期によらず、稼働後の障害対応のコスト負担はどうなるのか？
□稼働後の障害発生についてのサービスレベル目標と責任をどう定義するのか？

これらは、ベンダーとしては触れたくない論点だ。発注企業側が切り出さない限り、うやむやにされてしまうだろう。また、開発契約を締結した後では、交渉にはなかなか応じてもらえない。開発契約を締結したベンダーにとっては、保守は受注したのも同然である。他ベンダーへの切り替えは容易ではないことは承知している。つまり、開発期間中に、保守契約の条件交渉をしたのでは遅いのだ。

保守契約の主要な条件については、開発契約とあわせて交渉しておく必要がある。システム範囲や運用要件などの細かな点は、後からでも構わない。**ベンダーが良い顔をしてくれるのは、開発契約を締結する前まで**である。このときに交渉しておかないと、できあがったシステムの品質が悪くて、保守コストに悩まされても後の祭りだ。

■システム部門は調達・交渉のプロではない

システム部門任せにすると、保守契約の条件交渉が先送りになるか、または交渉らしい交渉が行われない懸念がある。システム部門にとってベンダーは、これから一緒に開発プロジェクトを行う同志である。一年以上先の保守契約の条件について、ベンダーが触れてほしくない論点を持ち出すことに、積極的にならない可能性がある。

さらに前述したように、システム部門には、契約条件の交渉を得意とする人材が不足していることが多い。良いツールと良いベンダーを選び、良いシステムを構築することに長けているメンバーを中心に構成されていて、調達・交渉のプロがいないのだ。

このような課題を抱えている場合は、第三者的な組織に専門スタッフを配備して、契約条件の点検や、ベンダー交渉をサポートすることを検討すると良い。

経営企画部署などに、そうした役割機能を設置している企業もある。日々ベンダーに接するシステム部門と、時々現れて強面で条件交渉する経営企画部署の二階層体制だ。そのほうが、交渉戦略も立てやすい。

POINT！

経営層にとって

▼システム開発の契約締結前に、稼働後の保守条件の交渉をしておくように留意する

▼専門スタッフを配備して、システム部門のベンダー交渉をサポートする

システム部門にとって

▼ベンダーとの保守契約の雛形を、当社主導で準備する

▼ベンダーとの主要な保守条件は、開発委託の発注前に合意しておく

罠21 「一番安い」に飛びついて結果的に高くつく

■コスト優先でベンダー選定したら、結果的にコスト高に

新サービスを立ち上げるITプロジェクトにおいて、開発ベンダー選定のコンペを行った。プロジェクトオーナーのユーザー部門の役員は、システム部門を通すとスピードを損なうと考えていたため、ユーザー部門が直接ベンダー選定と開発を行うように指示をした。見積依頼した先は次の三社だ。

・当社のメインシステムを保守する大手ベンダー
・当社との取引実績がない大手ベンダー
・当社との取引実績がない中小規模のベンダー

最安値は、実績がない中小規模のベンダーで、見積金額は他のベンダーの半額だった。プロジェクトオーナーであるユーザー部門の役員は、中小規模のベンダーを選択した。

システム開発は予定通りに進められ、稼働までは漕ぎ着けた。しかし、稼働後に、夜間にまとめて行うデータ更新処理（バッチ処理）が一日で終わらない事態が発生した。そのために、本来はシステムで自動処理するところを、手作業で行う運用が発生して、それに対応するシステムエンジニアの人件費が対応するようになった。

原因を調べたところ、**複数個所にプログラム品質上の問題があることがわかった**。たとえば、基本に忠実に制作すれば一回の処理で済むところを、二〇回以上処理を繰り返していて、そのために時間がかかっていた。

いつまでも手作業の運用を続けるわけにはいかないため、根本対策として保守ベンダーの変更が検討された。しかし、設計文書がない上に、プログラム言語も特殊なものが採用されていたため、システムエンジニアの確保は難航した。

なんとか、メインシステムを保守している大手ベンダーから要員を配置してもらうことができて、元のベンダーから保守業務の移管が行われた。結局、移管には一年程かかり、その間は元のベンダーと二重にシステムエンジニアを確保しなければならず、その人件費も負担することになった。

問題は複数個所に多数あり、保守を引き受けた大手ベンダーでもすべてを修繕することができなかった。現在ではシステムの再構築が検討されている。

初期開発コストは他社の半額だったものの、稼働後の保守コストや大手ベンダーへの業務移管費用も含めると、他社の場合の倍以上の金額がかかっている。さらに再構築という判断になると、初期開発はまったくの無駄になってしまう。**コスト優先でベンダー選定したつもりが、品質が悪いと、結局はコストに跳ね返ってきてしまう**典型例だ。

ベンダーが、見積金額を下げるのにもっとも簡単な方法は、開発プロジェクトに参画するシステムエンジニアの人数を減らしたり、スキルレベルを落とすことである。それで同じ機能を作るということは、保守のしやすさを考えずに設計したり、または急いで作っているのでプログラムが雑になったり、テストが疎かになったりすることが懸念される。

つまり、**価格差の原因が、システムエンジニアの質と量にある場合、ソフトウェア品質の悪化につながるリスクが高い。**

■時間・体制が不足すると安いベンダーを選定しがち

ベンダー選定は、Q（品質）C（コスト）D（納期）の観点で評価される。システム部門やユーザー部門がベンダー評価をまとめて、最終的には経営層が判断するわけだが、どうしてもコストがもっとも低いベンダーを選定する傾向がある。

コストは、すべての関係者にとって、わかりやすく判断しやすい指標だ。一方で品質や納期の遵守について、客観的に評価するのはスキルを要する。また、関係者によって、重視するポイントが異なる場合がある。システム部門は品質を重視するのに対して、ユーザー部門はコストを重視する、というような場合だ。システム部門はベンダーと共に品質責任を負うと考えるので、そうした傾向がある。

つまり、ベンダー評価について、関係者間で認識を合わせるためのコミュニケーションには、スキルと時間が必要だ。十分な期間と体制が確保されないと、合意形成しやすいコスト優先の判断に傾きがちになってしまうのだ。

■ベンダー選定のスキルある人材を育てる

品質の評価においては、ベンダーが提示したスケジュールや体制について、発注者側でその実行可能性を検証する必要がある。ベンダー間の比較を行うと同時に、過去の類似案件調達や開発経験との比較分析ができる人材を配置すべきである。**ユーザー部門とシステム部門の両方から人材を介在**させるべきだ。

しかし、ベンダー選定のスキルを持つ人材は、システム部門内でも不足している。また、優秀な人材は開発プロジェクトに優先的に回されがちで、ほとんどの場合、別プロジェクトに配置中である。しかし、**重要案件のベンダー選定については、彼らに一時的に兼務させてでも、ベンダー選定に参画させるべき**である。将来のトラブルの種を摘んでおかないと、優秀な人材をプロジェクトの火消しに投入せざるを得なくなり、悪循環に陥る。

システム部門に求められるのは、過去の提案と開発実績に関するデータの蓄積だ。スケジュール、体制、金額等とプロジェクトの特徴を蓄積しておけば、類似案件との比較分析に使える。一朝一夕では成しえないが、継続することで組織としてのベンダー評価能力を高めることができるはずだ。

また、品質や納期遵守のフィージビリティ評価について、経営層とユーザー部門に、わかりやすく説明する枠組みを整備しておくのがよい。**関係者に理解できる客観的な評価基準をつくって恣意性が入らないようにして、複数のメンバーでクロスチェック**しながら評価するアプローチがよい。

POINT！

経営層にとって

▼重要案件のベンダー選定には、十分な期間を確保し、スキルある人材を配置する

システム部門にとって

▼過去の提案と開発実績に関するデータを蓄積して、ベンダー評価に活用する

▼ベンダー選定における客観的な評価基準を策定し、関係者で共有する

罠22 コンペをしても割高に調達してしまう

■コンペのゴールは最安値ではない

新規のＩＴシステム調達においては、随意契約よりも、コンペをするほうが主流になってきている。「現行ベンダーでなければ現状を理解できない」とか「特殊技術なのでこのベンダーしか対応できない」という根拠の希薄な主張が、まかり通ることは少なくなったように感じる。結果的にそうなるにせよ、要求仕様を明確にして社内合意し、複数業者に提案依頼するプロセスを踏むことで、透明性は高まり、割高に調達するリスクは低減する。

手間と時間はかかるが、一定金額以上の案件についてコンペを行うことをルール化するのは、至極まっとうなことである。

しかし、ITシステムの調達においては要注意だ。**コンペの目的を正しく理解し、必要な手順を踏まないと、せっかく手間をかけても割高に調達してしまうことがある。**

ITシステムのコストは、業務仕様や採用テクノロジで大幅に変わるからだ。

過剰仕様を前提にした割高なベンダーAと、適正仕様を前提にした割安なベンダーBを比較して、ベンダーBを選ぶのは正解だろうか？

答えはNOである。ベンダーAに適正仕様で再見積もりをとると、Bよりも割安になる可能性が残っている。

つまり、業務仕様や採用テクノロジをある程度そろえないと、真に価格競争力のあるベンダーがわからないのだ。しかし、各ベンダーの初期提案は、業務仕様もテクノロジもバラバラで、前提条件が異なるケースがほとんどだ。

発注企業が業務仕様とテクノロジを決めて、ベンダーに提出する提案依頼書（RFP）に明記できればよいのだが、現実には難しい。新規システム調達のベンダー選定は、要件定義前に行われ、要件定義から構築・導入まで一気通貫して同じベンダーが担当するのが一般的である（少なくとも民間企業においては）。

要件定義前なので、業務仕様とテクノロジについて、ユーザー企業がＲＦＰに書けることは、とても限定的である。ベンダーは、拙いＲＦＰを読み解いて、経験から合理的と考えられる想定を置いて、提案書を作成する。**業務仕様とテクノロジがバラバラになるのは、ＩＴシステム調達のコンペにおける必然**なのだ。

コンペの目的を、最安値で調達すること、と取り違えるのも危険だ。

ベンダーが提案価格を下げるもっとも手っ取り早い方法は、システムエンジニアの人数を減らして、開発期間を短くすることである。しかし、開発体制と期間を過少に見積もったつけは、必ず発注企業に戻ってくる。

プロジェクトが頓挫したときに、一〇〇％ベンダーの過失であると証明することがいかに難しいかは、世の中のニュースからも窺い知れる。

ＩＴシステム調達のコンペにおいては、適正な業務仕様を、最適なテクノロジで実現するＩＴシステムを、適正価格（エンジニアの人数・開発期間）で調達するのがゴールだ。パソコンや携帯端末と一緒にして「ＩＴ」というカテゴリで括られてしまうことがあるが、調達に必要とされるスキル、プロセス、期間のいずれもまったく異なるのだ。

■ITシステム調達においてはベンダーの再提案が不可欠

前述の通り、ベンダーの初期提案では、業務仕様とテクノロジがバラバラになる。つまり、一回目の提案の目的は、適正な業務仕様は何か？　どのようなテクノロジの選択肢があるか？　を知ることである。各社の提案のいいとこ取りをして、目的に適う業務仕様とテクノロジ方針を、改めて明確化するのが狙いだ。

また、**開発体制と期間を比較し、相違点について各社の考え方を徹底的に質問することも重要**だ。これにより、適正な体制と期間について相場観が醸成され、各ベンダーがどの程度のプロジェクトリスクを見込んで見積もっているのかが見えてくる。明らかに過少見積もりでダンピングをしているベンダーがいたら、この段階で襟を正させておく（または落としてしまっても良い）。

これらのプロセスを経て、改めて業務仕様、テクノロジ方針を明確にした上で、ベンダーに再提案依頼をする。大規模調達の場合には、段階的に業者を絞り込みながら、数回の再提案が行われることもある。再提案の回数はケースバイケースだが、少なくとも初期提案と再提案の二回は必須である。

■コンペに必要な期間を確保する

これまでに解説したことは、システム部門の方にとっては常識で、すでにご存じのことだと思う。しかし、**実際には、こうしたプロセスを経ることなく、一発の相見積もりで業者を選んでしまうケースが少なくない**。システム部門は十分な期間が確保できずに、決めざるを得ないという状況に追い込まれてしまっているのだ。

二回の相見積もりを回すリードタイムとしては、小規模案件でもRFP提示から四〜五週間は必要とされる。ベンダーが提案書を作成する期間を考慮すると、初回提案に二週間、再見積もりに一〜二週間、評価選定に一週間というのが、最短ケースであろう。システム部門の担当者が兼務だとすると、とてもこのスピードでは進められないかもしれない。

だが、**ユーザー部門からシステム部門に調達要件の概要が渡されるときには、すでに遅延していることが実に多い**。ITシステムの納期から逆算すると、もはや十分な開発期間を確保できない、という状況に陥っているのだ。つまり、ユーザー部門がＩＴシステムの納期を要求しながらも、自らが調達要件の提示を遅延させてしまい、そのしわ寄せがシステム部門にきている、という事態だ。

ベンダー選定に十分な期間を確保できずに、割高に調達するだけで済めば、まだ傷は浅いほうだ。一見割安に見えるが、体制や期間が不十分なベンダーを選んでしまい、プロジェクトが遅延／頓挫／中止してしまった場合の損失は甚大だ。**ＩＴシステム開発プロジェクト失敗の場合、その主要因は、ベンダー選定にある。**

経営層もユーザー部門も、ＩＴシステム選定におけるベンダー選定の重要性を再認識すべきだ。そして、システム部門が十分な体制と期間を確保できるように、協力しなければならない。きっと頑張って間に合わせてくれるだろう、などと甘い考えをしていると、しっぺ返しを食らうことになる。

ＩＴシステムが動かずに困るのはユーザー部門であり、開発予算が大幅に超過して頭を悩ますのは経営層だ。

POINT！

経営層にとって

▼ＩＴシステム調達においては、システム部門がベンダー選定に必要な期間を確保できるように、ユーザー部門の協力を要請する

システム部門にとって

▼ベンダー選定に十分な期間が確保されていない場合には、納期の見直しも含めて、経営層に上申すること

ユーザー部門にとって

▼調達仕様概要をシステム部門に提示する期限について、あらかじめ双方で認識を合わせておき、多忙等の安易な理由で遅延させないこと

罠23 システム部門はITインフラの保守料削減に消極的

■業務要件の見直しでハードウェア保守料は削減済み

ＩＴコスト削減に取り組む企業が、まず目をつけるのがハードウェア保守料だ。特にハードウェア保守の年額固定契約は見直しやすいので、ほとんどの企業ですでに取り組み済みだ。改めて業務要件とシステム要件を整合させることで、過剰な保守サービスを適正化するアプローチがとられる。

たとえば、修理までの駆けつけ時間を「四時間以内」から「八時間以内」に変更したり、「二四時間三六五日」の保守サービス時間を「平日の業務時間内」に限定すると、保守料が下がる。また、年間契約を解除して、システムに不具合が発生した際に都度費用を支払う方式（スポット保守）も可能だ。駆けつけ時間等のサービスレベルは指定できないが、**重要性がそれほど高くないシステムであれば、スポット保守のほうが安上がりな場合も多い。**

本来であれば、最初に保守契約を締結する際に、ユーザー部門に業務要件をよく確認して、必要十分なサービスレベルに設定しておくべきである。しかし、保守契約は開発プロジェクトの稼働前の佳境のときに締結されるため、忙しいシステム部門がユーザー部門と会話せずに、とりあえず安全・確実なサービス内容に設定してしまうことがある。

これらについて、改めてユーザー部門が責任を持って適正要件を判断し、システム部門がこれを受けて、コスト適正化に取り組むのである。

■システム部門が責任を持つITインフラの保守料が高止まり

一方で、**今日でも意外に見落とされがちなのが、ユーザー部門には判断しかねる、システム部門が責任を持つITインフラの保守だ。**

たとえば、システムエンジニアがプログラム作成やテストの際に利用するサーバーがある（開発機と呼ばれる）。仮に、このサーバーが故障しても、ＩＴシステムは問題なく稼働する。故障中はシステムエンジニアの作業が滞るだけだ。しかし、**開発機の保守は、えてしてサービスレベルが手厚い**。複数サーバーがいくつも準備されている上に、すべてに「四時間以内」「二四時間三六五日」の保守サービスがついているケースもあった。

また、ユーザーからは見えないシステム・ソフトウェア（データベース等）の保守サービスは、プレミアム／スタンダード等のランクが設定されていることがあるが、**必須ではないが念のためプレミアムにしておく、というケースも散見される**。

コスト重視で考えるならば、サーバー保守や、システム・ソフトウェア保守には、製造元以外の第三者保守サービスという選択肢もある。製造元ベンダーのサービスの半額程度になることもあるため、海外では着実に利用が増えているが、日本ではなかなか普及しないのが現状だ。

さらなる保守料の低減を考えるならば、ＩＴインフラをクラウドに移行することも選択肢だ。ＩＴインフラのテクノロジは日進月歩であり、新たなコスト削減のオプションがでてきている。しかし、前述したように、現行ベンダーからの提案は期待できない。システム部門自体も消極的なことが多いのが現状だろう。

■ITインフラは長年にわたって放置されやすい

これらの適正化が進まない背景としては、システム部門の安全・確実志向がある。

開発機やシステム・ソフトウェアの保守サービスにおいては、万一の場合にユーザー部門に責任転嫁できない。ベンダーの保守対応の遅れが、開発や障害対応の遅延につながる懸念が少しでもあるならば、最上級のサービスレベルにしておいたほうが無難だ。

現状で安定稼働しているITインフラを、クラウドに移行して失敗したりトラブルが発生したりするリスクもできれば避けたい。こうしたITインフラは技術的でわかりにくいと思われており、システム部門内でもインフラ担当者任せになりがちである。そのため、長年にわたってメスを入れられることなく、放置されやすいのだ。

■インフラ担当者以外の第三者チェックが必要

すべてをインフラ担当者任せにすると、どうしても安全・確実志向に傾きがちである。

それ自体が絶対に間違っているわけではないが、常にコストとのバランスを判断することが必要だ。そのためには、インフラ担当者以外の第三者が、ＩＴインフラの新規調達や契約更新の際に、サービスレベルの妥当性をチェックする体制を整えるべきだろう。

一つの方法は、**システム部門内でクロスチェックする体制を作る**ことである。または、経営企画や経費管理部署に、ＩＴインフラにある程度の知見のある人材を配置して、システム調達の妥当性検証のミッションを与えることも考えられる。

POINT！

経営層にとって

▼インフラ担当者以外の第三者が、ＩＴインフラ調達の妥当性チェックを行う体制を整える

システム部門にとって

▼最新のテクノロジ採用も視野に、ＩＴインフラのコスト削減オプションを検討する

罠24 ベンダーの担当営業は保守料の削減交渉に消極的

■大手ベンダーの担当営業には価格裁量権がない

大手ベンダーの多くは、顧客企業ごとに担当営業を割り当てて、窓口を一本化している。価格交渉においても担当営業が窓口になるわけだが、**実は大手ベンダーの担当営業は、価格の裁量権をほとんど持たない場合が多い**。下位者だからという理由ではなく、営業組織の裁量がとても限られるのだ。

大手ベンダーの商材は多岐にわたる。ハードウェア、ソフトウェア、システム開発、データセンター等だ。それぞれが事業ラインとして収益責任を持っている。価格決定における営業組織の役割をシンプルに言うと、各事業ラインの見積もりを束ねて合算することだ。

新規システムの提案の場合、必要となる商材は多く、複数の事業ラインを動員しなければならないので大変だ。顧客から値引き要請を受けると、担当営業は各事業ラインに再見積もりを要請する。しかし、各事業ラインの担当は、矢面には立っていないので、動きが緩慢なことも少なくない。

また、システム開発のラインにおいては、開発プロジェクトを担当するプロジェクトマネージャーが費用を見積もることが多いが、彼らは特に再見積もりには消極的だ。少ない費用で受託してしまうと、開発プロジェクトで自分が大変な苦労をすることになるからだ。だったら受託しなくてよい、というスタンスをとることすらある。

■大手ベンダーからのレスポンスは遅れがち

それでも**新規案件においては、コンペに勝つために、担当営業は社内を奔走する**。彼らの業績査定は、会社によって若干異なるが、基本的には売上を最重要の評価指標とするのが一般的だ。価格については、ぎりぎりまで社内調整をして、何とかしてコンペに勝って、売上を立てようと頑張る。

一方で保守案件は、放置しておいても安定的・継続的に売上が立つ。この価格交渉において、大手ベンダーの担当営業を動かすのは容易ではない。自らの業績評価指標である売上を減らすために、価格裁量権を持つ各事業ラインに見直しを要請してまわるのは、相当に気が重い仕事である。

中小のベンダーであれば、会社組織はシンプルで、価格見直しの意思決定プロセスも単純なことが多い。つまり、保守料の削減交渉においても、比較的レスポンスが良い。保守料交渉における大手と中小のレスポンスの違いは、彼らの社内の意思決定プロセスの違いに起因するところが大きい。

■上位者への上申が必要

大手ベンダーとの保守料削減交渉は、担当営業と押し問答を続けても、なかなか前に進まないことが多い。担当営業は、顧客の手前、検討しているように見せかけておいて、実は何もせずに放置していることもあり得る。社内調整をする手間と時間と苦労を考えると、どうしても動きが鈍くなるのだ。

つまり、手間と時間と苦労を負担する本人への働きかけは、あまり有効ではない。担当営業が動いていないと感じたら、その上司、またはさらにその上司へと、上申しないとならない。

ベンダーの営業は、上位者になるほど、より中長期的な顧客とのリレーションシップを重視する傾向がある。保守ビジネスで多少の値引きをしても、新規案件を受託する可能性が高まるのであれば、トータルで良しと判断することができる視野を持つ。また、各事業ラインとの調整に社内を奔走するのは部下なので、自分自身は意思決定して指示をすればいい立場だ。

営業組織の上位者を引っ張り出すには、自らの上位者とアポイントを入れるのが良い。顧客企業の偉い人と接点を持って、新たなビジネス機会を探るのは、ベンダーの営業組織の上位者のミッションだ。アポイントを要請して断られることは、ほとんどないだろう。

交渉は、まずは総論合意して、担当営業に検討指示を出してもらうことが第一目標だ。

上司から指示をされると、担当営業はいかに気が重くとも、動かざるを得ない。うまく動き始めれば、一定の成果を得られる可能性が高い。

POINT！

経営層にとって

▼ベンダーの営業の上位者と、直接交渉する役割を担う

システム部門にとって

▼ベンダーの担当営業の動きが悪い場合は、上位者同士の交渉に持っていく

第 5 章

組織運営の罠

統制チームが評論家になっていませんか？

- ☑システム部門は何を達成したら褒められるのか？
- ☑システム子会社は本当に必要なのか？
- ☑ＰＭＯやＥＡチームは役に立っているのか？
- ☑システムエンジニアの中途採用がうまくいかないのはなぜか？
- ☑調達部門を通すと、ＩＴコストは本当に下がるか？
- ☑ビッグデータプロジェクトはどうして成果が出ないのか？

……疑問がすべて解消する！

罠25 怯えるシステム部門を籠城させてしまう

■そもそもシステム部門は褒められない

システム部門は叱られるが、滅多には褒められない組織である。障害が起こると、緊急で対応しなければならない。復旧するまでの間、ユーザー部門には、まだか遅いと思われている。昼夜を問わずの対応が求められるが、障害対応に感謝の意が表されるのを見たことがない。自分でまいた種を自分で刈り取るのは当たり前、ということだろう。おまけに事後には、なぜこのような事態になったのかと、管理体制についての責任を追及される。

ＩＴシステムの構築においては、予定通りに稼働して当たり前である。**しかし実は、システム構築を、予算内でスケジュール通りに完遂するのは簡単なことではなく、メンバー**

の苦労も多い。それなのに、システム構築を経験したことがない人には、電車が時刻表通りに来るのと同じように、当たり前のことのように思われている。遅延すると、厳しい批判が浴びせられることも少なくない。

ＩＴシステムの調達においても、コンペしてベンダー交渉したとしても、安く調達したと褒められることは、まずない。**相対的には割安だとしても、そもそもＩＴシステムは金がかかりすぎだと思われている**からだ。

■保守的・防衛的となるのがシステム部門

ＩＴシステムを予定通りに稼働させ、障害なく安定的に運営するのは、システム部門のミッションである。失敗の可能性をゼロにはできないが、これに近づけるために、できる限りのリスク軽減に取り組む。しかし、遅延や障害のリスクをゼロに近づけようとするほど、ＩＴシステム構築にかかるコストは高くなる。

システム構築の遅延リスクを軽減するためにもっとも有効なのは、開発期間と予定工数に十分な余裕を持たせることである。開発をベンダーに委託している場合には、期間短縮と工数削減をギリギリまで交渉しようとは思わないものだ。ユーザー部門に「この程度の機能拡張に、なぜこんなに期間と費用が必要なのか」と問いただされたとしても、万が一にも遅延して批判されるよりはマシである。

ＩＴシステム障害のリスク軽減、および障害発生時の復旧時間の短縮をするためには、機器等を重厚にするのが有効である。また、ソフトウェア開発の際に、テストに十分な時間をかける方法がとられることが多い。いずれも安全・安定を追求するほど、コストは高くなる。

あるシステム子会社が、自社のシステム開発の生産性をレビューした。その際、予定工数と実績の差異を分析したのだが、予実乖離がゼロという結果が出た。理由を調べたところ、まずは遅延リスクを回避するために、十分に余裕ある期間・工数が計画されていた。実際の開発は、ほとんどのケースで予定よりも早く完了していた。余った時間は、一度完了したテストを、時間の許す限りひたすら繰り返すことで消化されていた。早く仕上げても褒められないが、万が一にも障害があると、責任を問われるからである。

■リスクゼロの指示でさらなるコスト高を招く

システム部門に対して、「障害を起こさぬように」「遅延しないように」と指示する経営層は、恒常的にITシステムのコスト高に悩むことになる。障害や遅延のリスクはゼロにはならない。しかし、システム部門には「リスクをゼロにしろ」という指示に受け取られかねない。すでに籠城している軍隊に、さらに高い城壁を築けとエールを送るようなものである。こうした指示を受けたシステム部門は、いかにコストと時間がかかろうとも、今以上に二重三重に安全な仕組みや手順をとろうとする。

特に、**システム障害等がニュースになったときは、要注意である。**当社は大丈夫か？と心配になるものである。万が一にも、そうしたことにならぬように、リスクをゼロにしたいと思ってしまう。つい「障害を起こさないように」と言ってしまいがちであるが、**リスクは決してゼロにはならないし、ゼロに近づけるほど、コストは高くなる。**

■受容可能なリスクを経営層が判断する

ＩＴシステムの遅延や障害について、受容可能なリスクを判断し、リスクとコストのバランスをとるのは、経営層の役割である。この責任をシステム部門に丸投げすることは許されない。システム部門にリスクをとることはできない。少しでもリスクをゼロに近づけようと努力し続けるだけである。そして、そのためには時間とコストが必要だと主張する。さもないと遅延や障害が起きる可能性があると言う。結局は、経営層自身に判断のボールが帰ってくる。

最初に丸投げした経営層に、どのような判断ができるだろうか？　リスクが見えていないと、受容可能か否かは判断できない。システム部門の主張通りに、時間とコストをかけるしかなくなってしまう。

リスクは、発生確率と、万一発生した場合の影響度の二軸で評価するのが基本だ。「遅延や障害が起きる可能性がある」との主張に対しては、次の問いを立てる必要がある。

□それは、どの程度の頻度（年一回、一〇年に一度等）で起こり得るか？
□万一起きた場合、どのような影響が想定されるか？
□発生事象に対して、復旧手段や代替手段はあるか？

これらについて、きちんと説明するのはシステム部門の役割である。これは簡単ではなく、初めは問う側にも答える側にもストレスがかかり、コミュニケーションに時間を要する。しかし、しつこく継続しているとこなれてくるものである。ケースが蓄積されることで、ある程度パターン化されてくるからだ。**すべてを網羅的にやろうとすると手間がかかりすぎるので、重点に絞って取り組む**こともポイントだ。

評価されたリスクを受容するか、コストと時間をかけて軽減・回避するかを判断するのは経営層である。**判断結果は、明確なメッセージとして、システム部門やユーザー部門に発信することが必要だ。**これらは、現場がITシステムを運営する上での各種判断の拠り所となるものだ。ポリシーとして明文化して、ITシステム運営ルールの最上位に位置づけている企業もある。

そして、**ポリシーに則って運営している限りにおいては、遅延や障害が起きても、シス**

テム部門を責め立ててはならない。やるべきは、リスクを再評価しポリシーを見直すことだ。責任は経営層にある。

また、システム部門が、ポリシーに沿ってＩＴシステムや運営を見直し、コストを削減した際には、ぜひ褒めてあげてほしい。システム部門は、リスクを受容してコストを適正化するという考え方に、すぐには馴染めないかもしれない。リスクと責任を押しつけられ続けてきたからだ。**組織のカルチャーを変えていくことも必要である。**

POINT！

経営層にとって

▼ＩＴシステムは安全・確実を追求するほどコスト高になると肝に銘じること

▼安全・品質第一は経営方針にあらず。求める品質水準を明確に伝えること

システム部門にとって

▼ＩＴシステムに関するリスクを可視化して、経営層とコミュニケーションする仕組みが必要

罠26 システム子会社に不信・不満があるのに改革できない

■二足のわらじに迷走するシステム子会社

一九九〇年代半ばから後半にかけて、多くの企業が法人として分離する形でシステム子会社を立ち上げた。当時の狙いは、サービスの改善や透明性の向上、コスト削減、経営の自由度の確保などである。そして、システム子会社の中には、自社のサービスを外部市場に提供するミッションも担うところも出てきた。

親会社の専属としての役割を果たす一方で、外販でも黒字を計上するという二足のわらじに、システム子会社は適切に対応できたのだろうか？

親会社からは、システム子会社の価格妥当性を評価できない、必要な人材リソースを優先的に回してもらえない、といった不信・不満の声が聞こえてくるのが現状だ。

新規発注時に優先され、親会社によって保護される関係は、コスト削減圧力が高い経営環境下では続かず、システム子会社は外部ベンダーと比較されるようになる。こうした状況になると、システム子会社は、一方では親会社の高い要求を満たし、また他方では外部市場の価格・サービス水準に適合しなければならず、この両者に挟まれて動きが取れなくなることが多い。

親会社はシステムの生産性向上を望むが、これはシステム子会社にとっては売上の減少と利幅の縮小につながる。親会社がシステム投資を抑制すると、システム子会社では売上が減少する。**一方の利益が他方の損失となる状況**となる。

親会社の規模を前提にすれば、システム子会社の成長の可能性は必然的に制限されてしまう。一方で、外部市場にサービスを提供することによって、システム子会社は売上を押し上げることができるが、これによってかえって親会社に効果的にサービスを提供する能力を削がれる場合もある。逆に親会社を優先させてしまうと、今度は外部顧客へのサービスが不十分になってしまう。

■外販撤退や内製化は問題解決の特効薬にならない

こうした課題を背景に、今のままのシステム子会社を存続させるべきか否かを、改めて問い直している企業が増えてきている。実際に、外部市場から撤退して親会社へのサービスに注力するシステム子会社が出てきている。また、システム子会社を、親会社のシステム部門に吸収して内製化してしまうケースもある。

しかしながら、そもそもシステム子会社を立ち上げたときの目的に立ち戻れば、別法人として分離することには、メリットもあるはずだ。システム子会社が外販に取り組むことで、組織能力を維持しているケースもある。外販撤退や内製化は、システム子会社のプラス面を損なってしまい、新たな問題が顕在化するトリガーにもなりかねない。

システム子会社を持つプラス面としては、次のようなことが考えられる。

□親会社からの独立性（あるいは少なくともそうした認識）を保つことができ、システム組織運営において、より柔軟な意思決定が可能になる

□ＩＴシステムの需要側と供給側の明確な線引きができ、役割分担について曖昧さを排除できる
□需要側と供給側との間で財務的な取引が行われるため、人件費を含むＩＴコストを明確化しやすくなる。ＩＴコストの市場価格との比較も可能となる
□法人として分離すると、従業員の労働条件などを（共同での交渉ではなく）独自に交渉できるようになる

また、システム子会社の外販は、売上貢献のみならず、親会社へのサービス維持・強化の観点からも、取り組むべき理由がある。

□ノウハウを強化し、外部の顧客からベスト・プラクティスを取り込む
□組織内で顧客重視の考え方やパフォーマンス優先の考え方を育てる
□魅力的な仕事の機会を作り、人材を引きつけて維持する
□要員を有効かつバランス良く使用できるようにする

一方でマイナス面としては、次のようなことが考えられる。

□法人として分離すると、企業文化的にも物理的にも需要側と供給側との間で大きく距離が開き、意思決定プロセスが複雑化し、プロジェクトでの連携が不足する

□間接費（オーバーヘッド・コスト）が増加すると共に、別法人の場合、顧客対応のオペレーションに余計にコストがかかるようになる

□システム子会社内部のコストの透明性が失われてしまうと、そうした状況自体が運営コストの増加につながりかねない

つまり、ＩＴシステム運営においては、需要側と供給側の連携、コスト・生産性の透明化、人材やスキルの維持・確保が、永遠ともいえる課題なのだ。

これらは、**システム子会社を、親会社のシステム部門に吸収したからといって、必ずしも解決するものではない**。また別の形の問題となって、顕在化してくる可能性がある。

■システム子会社のビジネスモデルを明確にする

システム子会社は、最適なビジネスモデルとして、一つの選択肢に入れることができる。いくつかの実例が証明しているように、専属の顧客に即座に価値を提供し、そのビジネスに関する詳細な知識を備え、効率的なシステム運営と効果的なデリバリーモデルを実現しているシステム子会社は、成功することができる。外部ベンダーにはない付加価値を提供するのが鍵だ。

□業務プロセスのノウハウ：親会社やその事業部門における特定の業界・プロセスの専門知識を持つこと
□ビジネスとの整合：親会社のビジネスやプロジェクトに関するニーズを十分に理解し、ITサービスのライフサイクルやプロジェクトを定義・管理すること
□チームワーク：システム側と連携して作業を行うユーザー部門からメンバーを集めて、プロジェクトチームを組成すること

□要員・スキルの充足：システム側の都合のみならず、事業計画に合わせて内部スキルの維持・獲得をコントロールすること
□標準化されたサービス：個別のサービス要件を満たすのみならず、全社的視点でサービスやソリューションを標準化すること

また、**ITコスト効率化の恩恵が、すべて親会社のものになるのではなく、システム子会社にもメリットがあるようにするのも重要**である。さもないと、効率化すると売上が下がるという誤った経営認識が、システム子会社に蔓延しかねない。

一例としては、システム子会社向けの発注価格を一定期間固定し、当該期間内のシステム子会社のコスト削減努力を、業績評価やインセンティブ財源として、目に見える形で還元することが考えられる。また発注価格引下げのタイミングにおいては、発注量増加もシステム子会社のインセンティブになる。

つまり、**システム子会社という運営形態にはメリットもあり、中期的に優位性を実現するための最良の戦略となる**こともあり得るのだ。

長期的には、ビジネスとITをどのように融合させていくかも、考えなければならな

い。ビジネス領域によっては、ユーザー自身がシステムを導入・運用する十分な能力を持つ時代がくる。そうしたケースにおいては、社内のシステム部門にせよ、システム子会社にせよ、社内のＩＴシェアド・サービスは必要なくなるだろう。

POINT！

経営層にとって

▼システム子会社を再評価して、改革の可能性を見定めること
▼システム子会社の付加価値を明確化して目標設定すること
▼自律的な効率化が評価される仕組みを、システム子会社に導入すること

システム子会社にとって

▼親会社と目標合意して、それと整合する業績評価を導入すること
▼トップメッセージを発信して、目標に向かう企業文化を醸成すること

罠27 PMOやEAチームが評論家になってしまう

■PMOやEAチームの体制は手薄になりがち

システム部門が、複数チームから構成される大きな組織では、全体を見る統制チームが必要になってくる。チームによってスキルレベルに差が生じ、やり方がバラバラになるので、全体最適のためにチーム横断的に点検して、各チームに助言したり、経営層に進言したりするのが役割だ。

たとえば、プロジェクトリスクを点検するチームであるPMO（プロジェクト・マネジメント・オフィス［事務局］）や、採用技術等の標準化を推進するチームであるEA（エンタープライズ・アーキテクチャ）などである。

経営層は、これらの統制チームに期待しつつも、スキル・人数共に手薄にしてしまうことが多い。システム部門でもっとも忙しいのは開発プロジェクトで、どうしても優先的に要員を充てざるを得ない。意図せずではあるものの、統制チームの体制は脆弱で、外部要員で補強して組成しているケースもある。

しかし、統制チームには、現場をコントロールするだけの権限が必要であり、権限にふさわしい体制が不可欠だ。現場チームにとっては、統制チームはややもすれば自分たちのやり方にケチをつける目の上のタンコブだ。**統制チームが力不足だと、現場チームは面従腹背になり、コントロールがきかなくなる。**社員でも難しいのに、メンバーの大半が外部要員となるようでは、機能するはずがない。

■弱い統制チームは評論家と化す

専任の社員一名と外部ベンダーから成るPMOチームの例だ。この企業はITプロジェクトの失敗が続いていた。あるプロジェクトでは遅延で数億円の追加投資を余儀なくされ、また別のプロジェクトでは稼働後の障害で、接続先の企業に損害を与えるケースもあった。

対策としてＰＭＯを設置して、プロジェクト管理標準の策定、進行中のプロジェクトのモニタリング、プロジェクトリスクのマネジメント報告の役割を担わせた。しかし、現場はそれぞれのやり方でプロジェクトを進め、ＰＭＯのプロジェクトリスク評価は表面的な内容で、現場チームのみならず経営層にも無視された。**ＰＭＯはもはや評論家と化していた。**経営層が期待しながらも不十分な体制で立ち上げたＰＭＯは、現場チームの信任を得ることができず、結果的に無駄になってしまったのだ。

もう一つの例は、社員一〇〇名以上のシステム部門内に立ち上げられた、二名のＥＡチームの話だ。テクノロジ標準を策定して、各プロジェクトの採用テクノロジをレビューして統制するのが彼らの役割だった。テクノロジ標準は、ソフトウェアやハードウェアの製品・ベンダーが、プロジェクトごとにバラバラにならないようにルールを決めて、会社全体を効率化するのが狙いである。本来は、各プロジェクトは標準を遵守すべきであるが、ＥＡチームのレビュー結果シートは、形式的にファイリングされるだけで無視された。

現場チームは、テクノロジ標準についてすでに承知しており、その上でユーザー要望等を優先して、異なるテクノロジの採用を決めていた。**ＥＡチームが紙のチェックシートに「標準違反」とチェックすれば、「はいわかりました」と改めるような簡単な話ではない**のだ。

ユーザー要望と全体のコスト効率とがトレードオフの関係にあるので、どちらを優先すべきかを、経営的な視点で判断することが必要な局面だ。しかるべき権限とレポートラインが確保されていない、たった二名のＥＡチームにはどうすることもできない。営々とチェックシートに標準違反を記すだけである。

■キーマンの抜擢と経営へのレポートラインが不可欠

統制チームが有効に機能している会社には、二つの共通する特徴がある。一つはキーマンの抜擢だ。現場の中核的存在で、若手のプロジェクトマネージャーを育てた兄貴分のような人材だ。現場のプロジェクトマネージャーたちは、心からその人物のアドバイスを求めており、それを自らの成長機会として捉えている。つまり、統制チームは、現場にとって付加価値のある存在であり、決してオーバーヘッドではないのだ。

もう一つは、経営層へのレポートラインの確保である。統制チームは、トレードオフの問題に直面することが多い。リスクとコストのバランス、ユーザー要望と全体効率化の優先度、というようなことだ。いずれも経営視点での判断が求められる。ユーザー部門も統制できる経営層へのレポートラインの確保が必要となるのだ。

しかし、**統制チームは、システム部門の配下に設置されることが多いので要注意だ。**ITプロジェクトに関する権限を形式的にシステム部門に委ねても、会社組織上はユーザー部門をコントロールする権限を持たないため、両者は不一致である。ユーザー要件とのトレードオフ問題に直面した際に、会社組織上の権限が表に出てきて、システム部門配下の統制チームは機能不全に陥るリスクがある。このような場合に、経営層に上申して、意思決定を仰ぐ道筋を確保しておかなければならない。

POINT!

経営層にとって

▼PMOやEAチームが必要ならば、現場のキーマンを抜擢して本気で立ち上げる

システム部門にとって

▼PMOやEAチームの組織設計においては、経営層へのレポートラインを設ける

罠28 採用した優秀なシステムエンジニアが活躍できない

■システムエンジニアのスキルは多様化してきている

優秀なシステムエンジニアの採用・育成は、どの企業にとっても悩みの種である。プロジェクトマネージャー、ビジネスアナリスト等の職種は、恒常的に人材不足であり、この状況は今後も変わらないだろう。

また、最近において需要増の傾向にあるのが、スマートフォンサイト等の比較的新しいテクノロジ分野のシステムエンジニアだ。ビジネス部門のユーザーと一体になってスピーディーに開発する体制を目指すため、ユーザー企業が社員として採用するケースもある。

いずれの職種においても、ＩＴの労働市場は流動性が高く、職場が魅力的でないと優秀な人ほど辞めていく。システムエンジニアにとって、魅力的な職場とは、給与等の処遇面のみならず、やり甲斐や先進スキルの獲得も重視される。

技術者としての自尊心があり、また技術に磨きをかけて人材価値を高めることが、この業界において自分の生涯賃金を最大化する術であると、本能的に感じているからなのだと思う。

昨今はテクノロジや開発アプローチが多様化してきているため、システムエンジニアのスキルについて、需給ニーズを仔細に確認しないと、採用後に思わぬ齟齬が発覚しかねない。

優秀なエンジニアを採用したものの、採用先の企業のテクノロジや開発アプローチに馴染めず、早期に退職してしまう事例は多く存在する。

■類似の事業で開発アプローチが異なることも

ある企業では、ITを活用した事業強化を志向して、ユーザー部門の事業部長の号令の下に、システムエンジニアの採用を行った。従来はシステム子会社で開発を行っていたが、ユーザー部門からは、システム子会社は融通がきかずに開発が遅くて、またコストも高いように疑われていた。

事業部長はITに精通してはいなかったが、某ベンチャー企業のシステム開発部長と知り合い、複数名のエンジニアと共にチームごと当該企業へ引き抜くことに決めた。そのベンチャー企業は業界では有名で、エンジニアには技術力があり、生産性が高いと評判だったことが、引き抜きを決めたポイントだった。

事業部長は、元システム開発部長を責任者として、引き抜いたエンジニアで内製の開発チームを作り、新規事業の立ち上げと既存事業のスマートフォンサイト強化を担当させた。当該企業の社内においても、有名なベンチャー企業からのエンジニアということで注目されていた。

しかし**新チームは期待された成果を上げることができなかった。**一年間を経ても、一つも有効なサービスや機能をリリースできなかった。**事業部が必要とする開発アプローチと、引き抜いたチームが得意とするものが異なっていた**のだ。

当該企業では、顧客に有料のサービスとしてシステムを提供していたので、高い品質を求めていた。しかし新しいチームは、リリース時から高い品質を求められることに疑問を

アジャイル開発の特徴

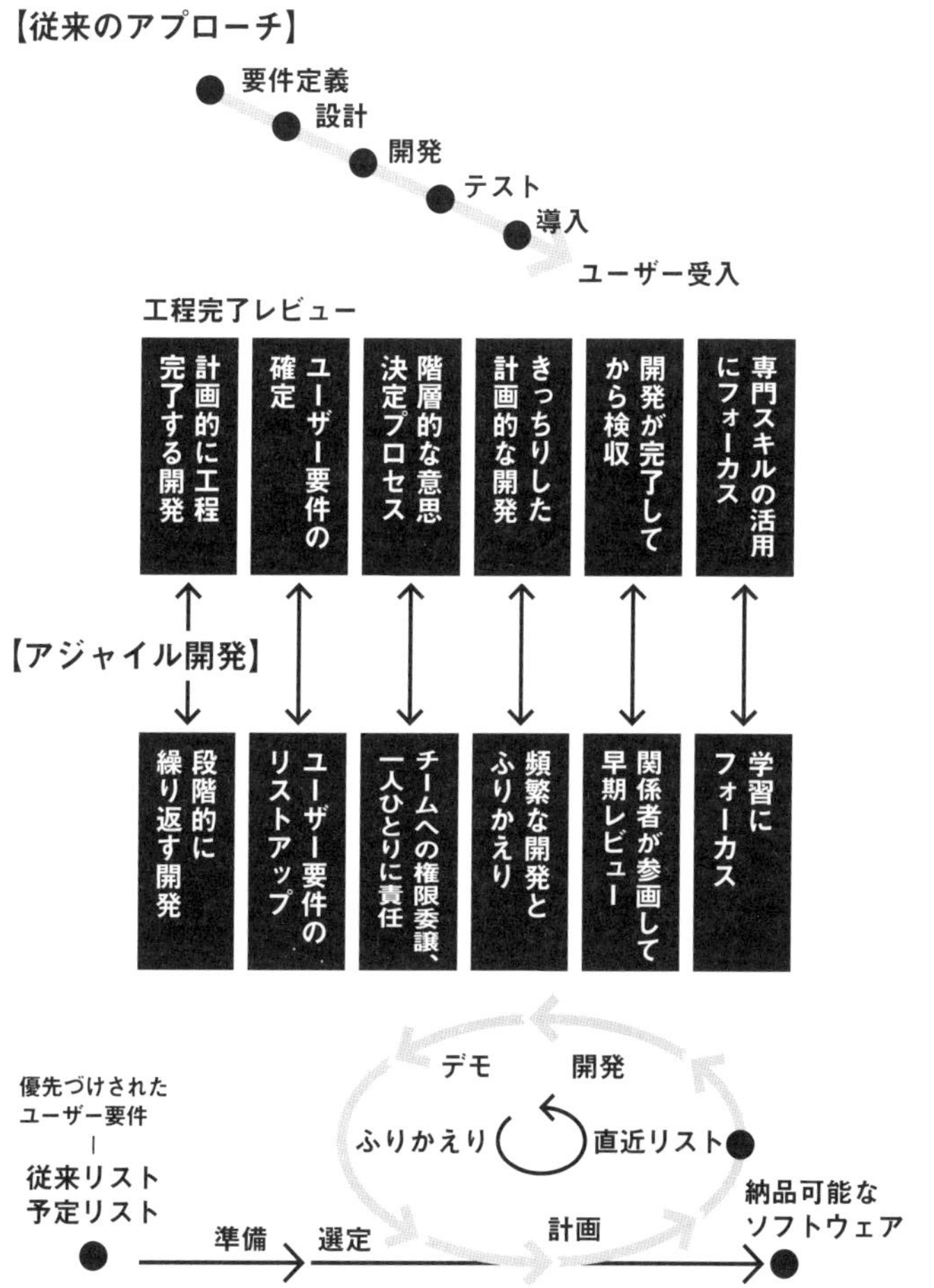

【従来のアプローチ】
要件定義
設計
開発
テスト
導入
ユーザー受入
工程完了レビュー
計画的に工程完了する開発
ユーザー要件の確定
階層的な意思決定プロセス
きっちりした計画的な開発
開発が完了してから検収
専門スキルの活用にフォーカス
【アジャイル開発】
段階的に繰り返す開発
ユーザー要件のリストアップ
チームへの権限委譲、一人ひとりに責任
頻繁な開発とふりかえり
関係者が参画して早期レビュー
学習にフォーカス
優先づけされたユーザー要件
従来リスト
予定リスト
準備
選定
デモ
開発
ふりかえり
直近リスト
計画
納品可能なソフトウェア

持ち、またその実現にも苦労していた。彼らは無料サービスをクイックにリリースして、段階的に品質を上げていく開発アプローチを得意としていた。アジャイル開発と呼ばれる方法論だ。

アジャイルは、一般的には小規模・短期のプロジェクトにおいて適用され、ユーザーが試作品のレビューを繰り返す。アジャイルが適しているのは、クリティカルではないシステム、短期に頻繁に要件が変わるケースなどである。

新チームのエンジニアは、当該企業における従来のアプローチ（上流から下流へ段階的に進められることより「ウォーターフォール」と呼ばれる）、すなわち社内の煩雑な手続きや他のシステムとの連携の多さによる制約によって、**前職のように速いスピードで開発ができずにフラストレーションを溜めていた**。

次第に事業部長は新チームの処遇に頭を悩ますようになり、優秀だと言われていたエンジニアは退職して、残ったのは当該チームが導入した誰にも使われないツールやリリースに至らなかったシステム、そして比較的優秀でない人材だった。

■開発アプローチの適性の見極めが必要

ＩＴが多様化すると、人材を採用する際に見極めの必要な観点が増える。これまでのＩＴの多様化は、プログラミング言語やソフトウェア・パッケージ等のテクノロジのバリエーションに限られていた。そのため、採用時の確認事項は、使用できる言語と経験年数、会計系やウェブ系といった携わった経験のあるシステムの種類が主で、それらが合致していれば採用後の活躍を予見できた。

しかし、**昨今はテクノロジだけでなく、開発アプローチも多様化してきている。**開発アプローチには、設計やテストの手順のみならず、企画担当と開発担当の役割分担や、コミュニケーション方法等が含まれる。

たとえば、**コミュニケーション方法について、ウォーターフォールとアジャイルでは大きく異なる。**ウォーターフォールでは、企画担当と開発担当は別々の場で業務を行い、週に一度等の頻度で、開発担当から企画担当に文書により、状況の報告を行うコミュニケーション方法を取ることが多い。一方で、アジャイルでは、企画担当と開発担当が同一の場で業務を行い、適宜、口頭による相談や確認のコミュニケーション方法を取ることが多い。

先程の事例でも、当該企業と転職元のベンチャー企業でプログラミング言語等のテクノロジ面で相違はなかったのだが、開発アプローチに大きな違いがあった。当該企業は法人から対価をもらってシステムを開発しており、品質が求められていたので、ウォーターフォールを選択していた。品質を優先していたので、高いセキュリティ基準が定められており、社内の承認手続きもミスを減らすために多かった。

一方で、エンジニアの転職元のベンチャー企業では、無料で個人にシステムを提供しており、個人の要望に対する素早い対応に価値があったのでアジャイルを選択していた。個人から指摘を受けたバグをすぐに改修するためにエンジニアに改修の判断の権限が委譲されていることも、当該企業と大きく異なる点だった。

■エンジニアの採用基準は定期的に見直す

エンジニア市場は多様化している。**プログラミング言語等のテクノロジは採用基準に挙**

げられるものの、開発アプローチは見落とされがちなので要注意だ。さもないと、先程の事例のように、採用の失敗をしかねない。

また、テクノロジや開発アプローチは日進月歩である。システムエンジニアの採用部署には、これらの動向をモニタリングすることも必要とされる。**自社にとって当たり前だと思っていたものが、世の中から見ると時代遅れになってしまうこともある。**採用基準やチェックポイントは、継続的に見直さないと陳腐化してしまいかねない。

POINT!

▼**経営層にとって**
テクノロジや開発アプローチの動向モニタリングを、システム部門のミッションとして明確化する

▼**システム部門にとって**
人材の採用基準に、テクノロジだけでなく、開発アプローチの観点を加える

罠29 調達部門を通しても ＩＴコストが下がらない

■調達部門はＩＴシステム関連コストに目をつける

近年、社内に調達部門を設立する企業が増加している。中には、ＣＰＯ（チーフ・プロキュアメント・オフィサー〔最高調達責任者〕）のポストを新設する企業や、調達コスト削減額の全社目標を設定して、大規模な調達の見直しを実施する企業も現れている。**ＩＴシステム関連のコストは、どの企業においても小さくはないので、真っ先に目をつけられる。**

ＩＴシステム関連のコストには、パソコンや携帯端末のようなＯＡ機器だけでなく、社内のＩＴシステムの開発や保守にかかる費用などが含まれる。「ＩＴ」として括られることがあるが、費目はハード、ソフト、サービス、人件費、通信費など多岐にわたる。ＩＴシステム関連コストの適正化をミッションとして担った調達部門には、多様な知見とスキルが求められることになる。

しかしながら、調達部門にスキルある人材が潤沢に配置されるとは限らない。リソースの制約がある中で、これらすべてのＩＴ関連費目について、調達部門が他の間接材（ボールペンやコピー用紙等）のように、機能に見合った価格を比較検討できるだろうか？　また、ベンダーに対して、効果的な値下げ交渉を行えるのだろうか？

■ＩＴシステムやＩＴインフラの価格比較は難しい

同じ「ＩＴ」で括られていても、パソコン等のＯＡ機器と、ＩＴシステムやＩＴインフラ（ネットワークやデータセンター）では、価格比較のアプローチがまったく異なる。

前者は、調達仕様が明確なので、価格比較の前提をある程度そろえて、横一列に仕入先の商品を並べて比較することができる。コピー用紙のような他の間接材と同様の価格比較が可能だ。

しかし後者は、調達仕様が曖昧な段階からベンダー選定が始まる。ベンダー各社の提案は、異なる仕様・異なる価格から始まり、数回の再提案を繰り返して各社の仕様を収斂させて、最優良ベンダーを選定するアプローチが一般的である。また、システム開発費においては、工数（開発に必要となる作業量）に基づいて価格が決まるため、ベンダーに水増しされるのは困るが、一方で過少見積もりも困る。開発着手後に、追加費用を請求されるリスクがあるので要注意だ。

このため、**ある程度の土地勘がなければ、システム開発に要する価格が適切に設定されているかが判断できない**。これは、ＩＴに明るい人材がいてもなお難しいプロセスである。

■調達部門による「最終交渉」で交渉が形骸化

こうした背景により、ＩＴシステムやＩＴインフラの調達は、システム部門が主体で進めて、調達部門は最終値下げ交渉のみを行うケースもある。しかし、このプロセスはベンダー側に見透かされるため、値下げ交渉そのものが形骸化してしまうことがある。

調達部門の最終交渉があることを知っているベンダーは、調達部門の「削減目標」をあ

らかじめ上乗せして見積もり提示をする。内定後に調達部門が登場すると、上乗せ分を割り引くことで、あたかも調達部門の削減交渉が成功したかのように見せかける。こうして、調達部門はめでたく「削減目標」を達成し、ベンダーも想定価格で受注できる。どのベンダーも同様のアプローチをとるため、初期提案価格が底上げされるだけだ。

調達部門とベンダーの双方にメリットのある予定調和的なエコシステムであり、実質的にはコスト削減に寄与しない。

なぜこのような事態が起きてしまうのだろうか？

それは、当該のベンダーがすでに内定していたことに起因する。ベンダー選定はシステム部門、価格交渉は調達部門と、役割分担をしてしまうことが弊害を生んでいるのだ。

システム部門によるベンダー選定は、価格よりも品質を重視する傾向がある。システム構築を安全・確実に完遂して、ユーザーの満足するITシステムを動かすのが、彼らの主たるミッションである。価格は比較されるが、ベンダー選定における最優先事項ではない。ベンダーにとっては、提案価格に上乗せしやすい環境にある。

一度競合他社とのコンペを勝ち抜いた後は、ベンダーには値引きのインセンティブがない。承知のプロセスに則って、調達部門を満足させるべく、予定通りの値引きを行うのみである。**ベンダーが実質的に値下げするのは、あくまで他社との競争が生じている段階までなのである。**

■調達部門とシステム部門の協働体制が不可欠

ＩＴシステムやＩＴインフラの調達においては、関連するＩＴの知識を有し、機能に見合った価格を判断できる社員を配備する必要がある。そして、ベンダーが自発的に値下げざるを得ない状況、つまり競争段階にあるときに削減交渉を実施することだ。

調達部門とシステム部門の協業においては、双方の担当者は実質的に一心同体で協働しなければならない。価格比較は調達部門、仕様比較はシステム部門などのように、作業上の役割分担を行ったとしても、ベンダー比較や交渉は、双方が連携して同時に行う必要がある。

コスト削減の目標を、調達部門とシステム部門で共有することも重要だ。双方が異なる立場、すなわち、調達部門は価格重視、システム部門は品質重視のスタンスだと、前述のような協働はうまくいかない。非効率なやりとりが繰り返されて、時間が浪費されるだけである。

コスト削減が業績評価と連動している場合には、ダブルカウントや折半など、シンプルなルールを決めて、どちらの部署も実益に集中できる環境整備が不可欠である。

POINT!

経営層にとって

▼ＩＴシステムやインフラ調達においては、調達部門とシステム部門が協力する環境を醸成すること

▼コスト削減が業績目標と連動する場合には、調達部門とシステム部門の双方にメリットのあるシンプルな仕組みを導入すること

システム部門にとって

▼調達部門と協力し、システム品質のみならず、価格も重視したベンダー選定を行うこと

調達部門にとって

▼システム部門と協力し、価格のみならず、品質も重視したベンダー選定を行うこと

罠30 ビッグデータのプロジェクトメンバーが対立してしまう

■オーナーシップの奪い合いが起こる

従来の顧客情報や販売履歴データに加え、ウェブのアクセス履歴、位置情報等のビッグデータを、ビジネスに利用することの必要性が叫ばれている。取り組みを始める企業は、プロジェクトチームを組成することが多い。ビジネス、データ分析、ITと多様なスキルセットが必要とされるが、すべての面で優秀な人材は、まずいない。各々に長けた人材でチームを編成して、協働するのが一般的だ。また、**特にデータ分析ができる人材は不足しがちで、外部ベンダーを活用することも多い**。

プロジェクトなので、チームメンバーが協力し合うのが成功要因であるのは当然なのだが、**システム開発とは様相が異なるので、注意が必要だ。**

システム開発プロジェクトでは、要件定義の責任の所在が問題となる。つまり、「ITの専門家ではないので要件定義は難しい」とするユーザー部門と、「業務要件を決めるのはユーザーの仕事」とするシステム部門を、歩み寄らせなくてはならない。どちらも、要件定義は自分の役割ではない、とオーナー不在になるのが最悪だ。

ビッグデータプロジェクトで気をつけなければならないのは、ビジネス担当とデータ分析担当との対立である。ビジネス担当は人間の勘と経験が正しいと主張し、データ分析担当は統計モデルが示す結果が正しいと主張する、いわばオーナーシップの奪い合いが起こり得るのだ。

■データ分析ベンダーに支払った数億円が無駄金に

ある消費財メーカーでは、データ分析に基づき広告費の最適化を行うプロジェクトを立ち上げた。プロジェクトオーナーをマーケティング部門の担当役員として、マーケティング部門の担当と、パートナーとして同種のデータ分析の経験のあるベンダーが選ばれ、プロジェクトチームが組成された。ベンダーとの契約は、複数年・数億円の大規模プロジェクトだった。

プロジェクトにおいては、ベンダーが統計手法を用いて売上とチャネル別広告費の感度分析を行い、それに基づき広告費の最適配分が算出され、マーケティング部門がこれを検証した。

しかし、**マーケティング部門の担当は、ベンダーの分析モデルに基づいた広告費配分をまったく採用しなかった**。これだけの投資を行った重要プロジェクトであったにもかかわらず、鳴り物入りのデータ分析結果は棚上げされて、広告宣伝費は従来の経験と勘に基づいて決定されることになったのである。

■人間の勘と統計モデルの対立構造

このようなプロジェクトでは、ビジネス担当はデータ分析担当と協力して、統計モデルを改善するためのアイディアを積極的に出すことが求められる。どのデータをモデルに取り入れるべきか、説明力の高いデータを定量化できないか等について、自らの経験と勘を踏まえた意見が期待される。**人間の勘とデータ分析の解の「協力関係」を見いだすことが、プロジェクトの成功要因**である。

しかし実際には、ビジネス担当はデータ分析結果の批判に終始している様子が見られた。ベンダーの統計モデルに対して、「誤差が大きいので当てにならない」という評価を下し、単なる「参考情報」扱いして無視したのだ。

ビジネス担当は、自分の経験と勘と矛盾するデータ分析結果が出たときに、経験と勘に固執する傾向がある。データ分析結果を認めると、これまで自分がやってきたことを否定しなければならない。または、自分の経験と勘の限界を認めなければならない。いずれにせよ、自己否定につながりかねないのだ。

ここで、**誤差がどの程度あったのかは本質的な問題ではない**。統計モデルに誤差はつきものである。特にビジネスに対して統計モデルを当てはめるときはなおさらだ。誤差をやり玉に挙げれば、いかに高精度の統計モデルでも否定できる。つまり、**統計モデルを否定することで、自分の経験と勘を肯定する、という構図においては、データ分析精度をいくら上げても認められることはない**のである。

実際に、データ分析を担当するベンダーは、精度を高めるためのデータのクレンジング作業（欠損値や外れ値の処理、テキスト解析の辞書の構築等）に追われていた。**ビジネス担当に否定されては、完璧な精度を追求するという、出口のないサイクルを繰り返していたのだ。**

■チームビルディングが成否を決定づける

これは、明らかにチームビルディングの失敗である。プロジェクトオーナーであるマーケティング部門の担当役員は、データ分析の専門ベンダーを参画させることで、あとは首尾よく進むだろうと、高を括ってしまったのである。

データ活用プロジェクトの開始時には、チームへの期待や各人の役割分担について、よくよく認識を合わせておく必要がある。

ビジネス担当は経験と勘に基づくマーケティングの専門家であり、データ分析担当は統計モデルに基づくマーケティングの専門家だ。双方のスキルを融合させることが求められるのだが、プロジェクトチームという箱に入れれば自然に融合するというものではない。**基本的には、水と油ぐらいに思っていたほうがよい**ぐらいだ。

あるインターネット系の事業会社では、**データ分析プロジェクトの第一ステップは「ゴール設定」と決められている。**プロジェクトに参画するビジネス担当、データアナリスト、データ基盤（IT）担当の三者で、プロジェクトの進め方を十分に議論する点がポイントだ。

「ゴール設定」のプロセスを経ることで、ビジネス担当はデータ分析結果と矛盾した人間の勘に固執することがなくなるそうだ。

一方でデータアナリストとデータ基盤担当は、データ分析のための背景の理解が深まり、早い段階から実現方法を見極められるという。また、ビジネス担当自身がデータ分析の素養もある場合は、往々にして分析結果にケチをつける立場に回ってしまうことがあるので、役割分担をきちんと認識させておくことは重要とのことだ。

それでも、ビジネス担当が多忙のために、データアナリストとデータ基盤担当任せになることがあり、そうなると分析が深まらず成果が出ないこともある。

つまるところ、**データ分析プロジェクトは三位一体で初めて成果が出る難しい取り組み**であり、チームビルディングの重要性は、強調しても強調し足りないぐらいだ。

POINT!

経営層にとって

▼ビッグデータプロジェクトにおいては、ビジネス、データ分析、ＩＴのスキルミックスでチーム編成すること

▼プロジェクト立ち上げ時に目的と役割分担を明確化して、チームビルディングをリードすること

ビッグデータ・プロジェクトメンバー（ユーザー部門／システム部門）にとって

▼ビジネス、データ分析、ＩＴの三位一体で初めて成功すると肝に銘じて、チームメンバー間で協力すること

終 章

共通の罠

ビジネスとＩＴを分断させていませんか？

罠31 ビジネスとＩＴを分断させてしまう

■６つの取り組みが重要

これまでに紹介した罠は、**根源的には、ビジネスとＩＴをいかに連動させるか、という問題に帰結する。**切っても切り離せないビジネスとＩＴが、それぞれユーザー部門とシステム部門に機能配置されており、経営層がリーダーシップを発揮できていないことが、さまざまなトラブルを引き起こしている。組織が分割されると、部門ごとに立場と事情が異なってくるのだ。

この問題は、システム部門、ユーザー部門とも、それぞれの単独の努力では解決することはできない。双方の協業関係を構築し、ＩＴシステムから得られる価値を最大化するの

ビジネスとＩＴの連携には
経営層のリーダーシップが必要

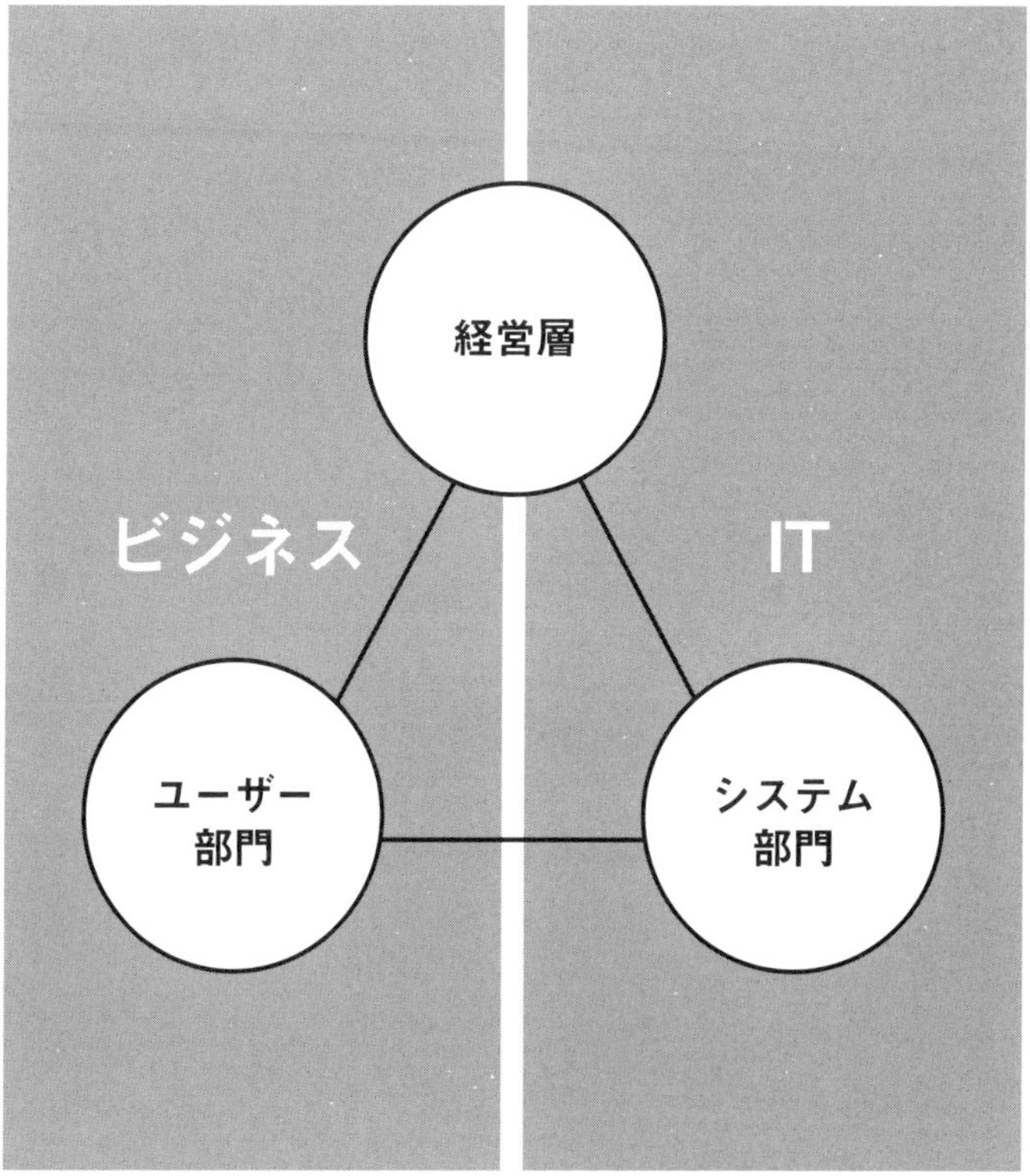

は、経営層の役割である。

ここで重要になるのが次に挙げる①～⑥の取り組みである。

①組織の壁を崩す

システム部門は必ずしもユーザー部門に信頼されていない。過去にＩＴプロジェクトで遅延、予算オーバーといったトラブルがあればなおさらだ。お互いの間には、不信という障壁が高くそびえ立っている。

双方の部門の連携には、経営層のリーダーシップが必要だ。システム担当役員は、システム部門を「ブラックボックス」などと呼ばせてはならない。ユーザー部門とコミュニケーションし、信頼関係を構築し、システム部門の透明性を高めるのが役割だ。このために、自らのエネルギー（時間）の多くを投じても良い。システム担当役員のそうした行動は、システム部員の良き手本になる。彼らの行動様式やカルチャーを変える必要があるのだ。

さらに、**ユーザー部門とシステム部門との間で、担当役員のローテーションを行うのも有効だ**。ビジネスとＩＴが協業しやすい環境を醸成し、組織の壁を崩す手段になる。

ビジネスとITを連携させる６つのステップ

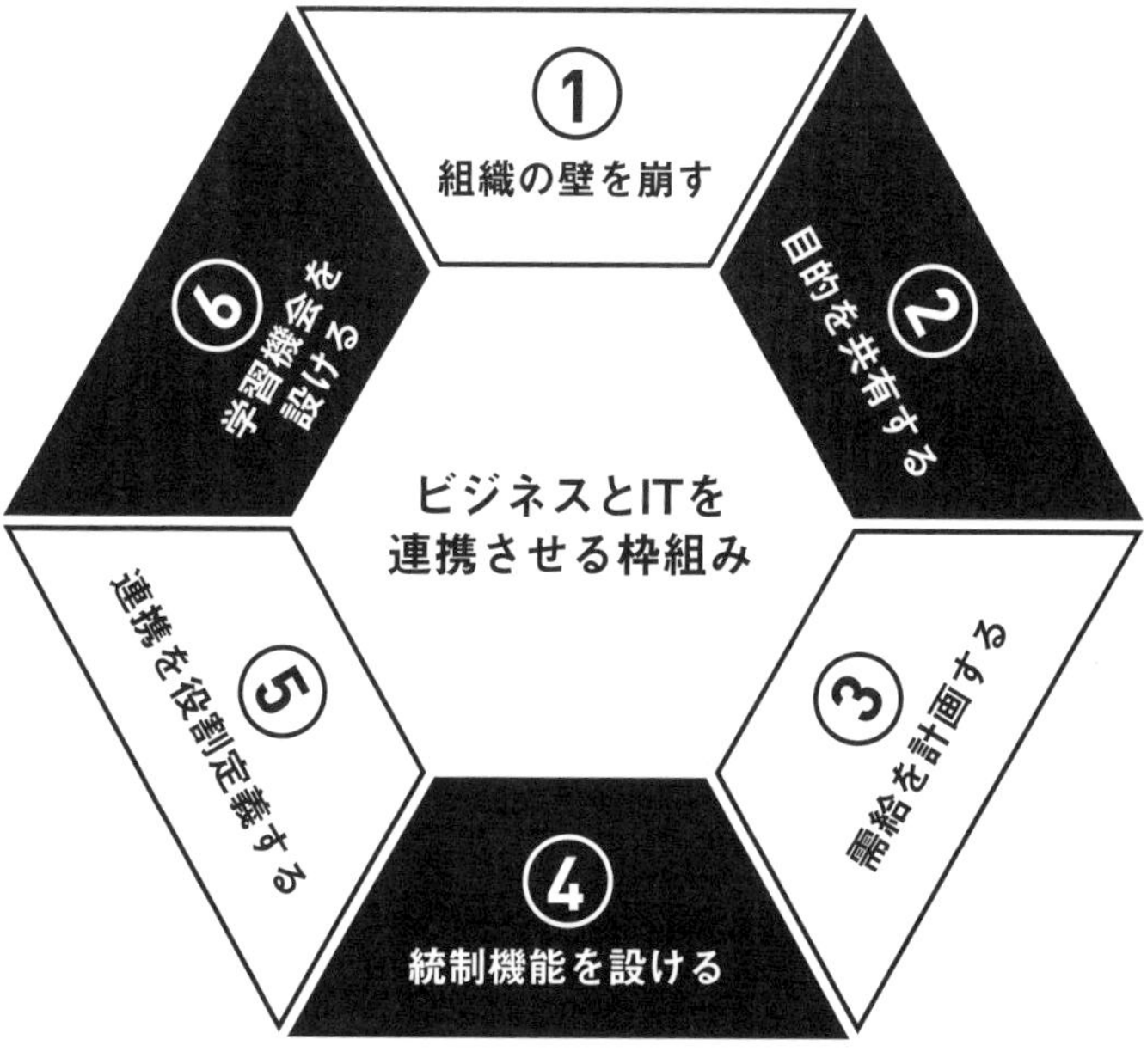

②目的を共有する

いつまでに何が必要なのか、それはなぜか？　といった目的設定がなされないまま、システム開発が進められることがままある。これでは開発自体は迷走するし、作られたものはユーザーに使われないか、使われても経営の役には立たない。

経営目的・ユーザー要件・ITシステムは一貫していなければならない。まずは経営層が目的を明確に伝えることだ。その上で、ユーザー部門とシステム部門は密接に働くほうがよい。働く場も一緒にするのが理想だ。そうすることで、ユーザー要件が正しく理解され、ITコストは適正化の方向にベクトルが向いてくる。

目的は、具体的な業績管理指標として表現することができる。売上増加やコスト削減といった財務指標にこだわる必要はない。納期短縮、顧客満足度向上など、より中間的なオペレーション指標を目標にすることも可能だ。

大切なのは、経営層・ユーザー部門・システム部門間の共通言語として機能することである。また、ビジネスとしての価値が明確であることだ。**システム構築自体が目的化するようなことがあってはならない。**

③需給を計画する

ITシステム開発の計画立案には、需要サイドのユーザー部門と、供給サイドのシステム部門の協力が不可欠である。**予算だけではなく、実際の開発・保守を担うリソースについて、短期・中長期のロードマップが必要とされる。**

ITシステムの開発・保守にはさまざまなスキルセットが必要とされる。急に増やしたり減らしたりはできないのだ。計画的に内部要員を採用・育成し、需要変動に対しては外部要員をうまく活用しないと、オーバーエンジニアリングに陥ってしまう。

ロードマップを策定して、複数のユーザー部門とシステム部門で合意形成するためには、次のようなテクニックを組み合わせることになる。

【締め切り】

ユーザー部門は、決められた日程までに開発要件を提出しなければならない。たとえば、ある企業は、小規模案件は週次、大規模案件は四半期ごとに締切日を設けている。

ユーザー部門の無計画や無理な要請は、システム部門が過剰なリソースを抱える原因となる。起案すると一刻も早くと要請する、予算がつくと多忙を理由に要件定義に着手しない、といったことは避けなければならない。締め切りは、透明性を確保し、効率的にリソース計画を立てるために必要な手段である。

【優先度づけ】

ユーザー部門の開発要請は、リソースが割り当てられる前に、スクリーニングにかけられる。複数のユーザー部門からの開発要請に対し、限られた予算とリソースで対応していくために、優先度づけが行われる。**合意形成には、客観的な判断基準が求められる。**たとえば、ビジネス上の重要性、開発工数・難度により評価される。

【キャップ】

予算・リソースについて、ユーザー部門ごとに短期・長期の上限枠が設定される。**各ユーザー部門の上限枠のトータルが、総予算および全リソースと整合するように割り当てられる。**これにより、全社の資源配分方針を反映することができる。また、各ユーザー部門が、自らの開発要請を見直し、自ら優先度づけを行うことを促す効果もある。

④統制機能を設ける

ビジネスとITを連携させるためには、常に経営目的に立ち戻って判断することが必要だ。ロードマップを描いたとしても計画通りにはいかない。品質、コスト、納期が予定通りの順風満帆なプロジェクトがあるだろうか？　計画の見直しが必要となったとき、速やかに上申されて、素早く経営判断するための仕組みが必要とされる。

継続的なモニタリングと見直しが必要とされるのは、ロードマップ、資源配分、プロジェクトのQCD、ベンダー選定と契約などである。これらの見直しにおいては、経営目的に立ち戻ることが重要である。ユーザー部門任せ、システム部門任せにしてはならない。経営層が自ら判断するための会議体を設営するか、監督機能として経営層直下の組織体制を作る必要がある。

⑤連携を役割定義する

ユーザー部門とシステム部門が連携するには、お互いの接点となる窓口と、その役割が定義される必要がある。表面的に、それらしい役職名を与えるだけではだめだ。そうした**役割が、ユーザー部門とシステム部門の双方に認知・理解され、かつ適任者が配置される**

必要がある。

ユーザー部門は、システム部門に要件を伝えると任務完了と考えて、あとはＩＴシステムがリリースされるのを待つばかり、となりがちである。しかし、要件が一旦提示された後に、何度も確認が繰り返されたり、誤解による手戻り（前の工程に戻って作業をやり直すこと）が発生したりして、システム開発の遅延・予算超過が起きてしまうことが実に多い。より深い継続的な連携が必要とされているのだ。

ある企業では、業務プロセスごとに、ユーザー側の担当者が配置された。彼らは、各業務の専門家として要件定義書を作成し、システム部門に渡す役割を担っていた。しかし、こうしたシステム部門を壁越しに見るアプローチは、受け手の誤解による手戻りを生み、システム開発は遅延した。

そこで、システム部門側にも、業務プロセスごとのカウンター・パートナーを任命した。彼らはユーザー部門の担当者とペアになって、要件定義書が正式にシステム部門に提出される前段階から、一緒に検討を行った。双方の認識ギャップは埋まり、要件は適正化され、以前ほど手戻りが生じることはなくなった。

⑥学習機会を設ける

ユーザー部門とシステム部門が、お互いの仕事の内容や用語を理解することは、連携する上での基礎となる。システム部員は、ユーザー部門の仕事をある程度理解していることが多い。自分が担当するＩＴシステムを通じて、業務プロセスを学習する機会があるのだ。

一方で、システム部門の仕事は、ブラックボックスと見られがちだ。ユーザー部門をシステム開発に巻き込むのは、彼らにとって有益な学習機会となる。また、システム部門も彼らと密接に仕事をすることで、**自分たちの構築したＩＴシステムが、どのようにビジネスに役立つのかについて、肌感覚をつかむ機会にもなる。**

ユーザー部門とシステム部門が相互理解を深めるための学習機会としては、四つのパターンが考えられる。

【パターン１：混成プロジェクトチーム】

比較的大きいシステム開発プロジェクトを、要件定義、設計、開発、導入に至るまで一貫して、ユーザー部門とシステム部門の混成チームで遂行する。相互理解を深め、信頼関係を構築し、システム開発の上流から下流までの仕事を理解する上で、きわめて有効である。一方で、ユーザー部門のメンバーをフルタイムで配置することは、なかなか実現しない。

【パターン２：社内研修】

トレーニングセッションを設けて、ユーザー部門とシステム部門のメンバーが、それぞれに講師になってお互いの業務を教える。学習効果は実務経験には及ばないが、お互いの親密度を増し、信頼関係を構築するのには役立つ。

【パターン３：一時異動】

システム部門のマネージャークラスを、ユーザー部門に一時的に異動させる。常駐することでITシステムが実際にどのように使われるのか、深く理解することができる。また、ビジネス知識を広げ、ユーザー部門のメンバーのプロジェクトへの巻き込み方も身につけられる。同様に、ユーザー部門のマネージャークラスがシステム部門に常駐して、ユーザー要件がどのようにITシステムに実装されていくのかを理解することも有効だ。

また、彼らにとっては、他のユーザー部門の業務知識を獲得する機会にもなる。

【パターン4：アジャイル開発】

アジャイルは、システム開発において採用されることが増えてきている方法論である。段階的に繰り返し開発するアプローチで、ビジネス目的の見直しや優先度判断が、継続的に必要とされる。ユーザー要件定義とＩＴシステム構築が密接に進められるため、ビジネス目的に適うものが、スケジュール通りに導入されることが期待されている。

必ずしもすべてのケースに適用できる方法論ではないが、ユーザー部門がＩＴを学び、ＩＴシステム構築プロジェクトにコミットするのには有効だ。

おわりに◎ユーザー自身がシステムを開発する

ＩＴシステムは経営に不可欠であり、その重要性は増す一方だ。売上向上、コスト削減、リードタイム短縮など、あらゆる局面でＩＴシステムが必要とされる。インターネットの顧客サービス等は、ＩＴシステムそのものである。今日、ビジネスとＩＴは一体であり、切っても切り離すことができない関係にある。

そして、モバイルやデータ活用等の新しいテクノロジが、次々とビジネスに応用されてきている。テクノロジの進化スピードは増している。しかも複数の技術要素が同時並行で進化している。これらを応用したビジネス革新は絶え間ないものになる。ビジネス戦略とＩＴシステムの実装は、とても短いサイクルで繰り返されなければならない。ビジネスとＩＴは、今よりもさらに密結合になるのだ。

一方で、組織運営はこの流れについてきていない。ＩＴシステムを開発・保守する組織機能は、ユーザー部門から切り離され、集約化されるのが主流である。ＩＴシステムの開発・保守は、ビジネス横断の共通業務や、共通のインフラ調達がある。シェアド・サービスにするのが経済的だったのだ。また、情報テクノロジの専門スキルを持つ人材を獲得・育成する上でも、集約化する必要があった。

この合理性は、今日失われつつある。ＩＴシステムの開発・保守やインフラは、企業の枠を超えて共有されるようになってきている。ベンダーやクラウド事業者にアウトソースされているのだ。この流れの行き着く先に、それでも企業内に残るＩＴ関連業務は何だろうか？　各企業・各ビジネスに固有のものであるはずだ。そうなると、もはやＩＴ関連業務を、社内のシェアド・サービスにすることに経済合理性はなく、各企業・ビジネスごとに、ＩＴシステムにも長けた人材を採用・育成する姿が理想であるかもしれない。

究極の姿においては、ＩＴ関連業務はユーザー部門の一部となり、今日のようなシステム部門はなくなる可能性もある。

東急ハンズの営業系システムは、パッケージ・ソフトや外部ベンダーを一切使わずに、すべて自社開発されたものだ。開発チームは、ＩＴシステムの経験のない店舗の販売員を中心に構成された。外部研修は一週間だけで、すぐにシステム開発の実務に就く。三カ月で簡単なものを作れるようになり、半年で一人前になる。

「ＩＴ担当者に営業を教えるより、営業経験者にＩＴを教えるほうが効率が良い」とプロジェクトをリードしたハンズラボ株式会社の長谷川秀樹社長は語る。

採用されたテクノロジは、企業のＩＴシステムとしてはユニークだ。ユニケージ開発手法と呼ばれ、シェルスクリプトとテキストファイルだけを用いてシステムを開発する。具体的には、短いコマンドで非常にシンプルなデータ処理手順のみを記述していくというものだ。

たとえば、データファイルを読み込んで、顧客番号順に並べ替えて、売上合計を計算して、一覧を出力する、という感じだ。プログラミング言語、データベース・ソフト、開発ツール等は一切使われない。これならば、エクセルで簡単な集計を覚えるのと大差ない。テクノロジ自体は、とても簡単に習得できるのだ。

生産性はとても高い。以前にシステム開発を外部委託していた時と同条件で比べると、三カ月かかっていたものが、一・五カ月で完成する。項目追加などの簡単なものであれば、要望があってからリリースするまで一〇分程度でやってしまうこともある。

開発者自身が元ユーザーなので、以前の現場に戻って一言二言の会話をするだけで、要件定義が完了してしまうのだ。

要件定義から構築まで一貫して同一人物が担当するので、認識齟齬は生じない。要件定義書、外部設計書、詳細設計書などの文書は、基本的に作成されない。

開発メンバーのモチベーションは高い。店舗でできることは限られるが、ITシステムであれば全社にインパクトのある仕事ができるのが面白いのだ。また、世の中のシステムエンジニアが直面しているストレスは、ここにはない。一気通貫して一人で対応するので、社内・社外の利害関係者間の調整や、進捗報告しては督促される、といったようなことに時間をとられて、肉体的にも精神的にも疲弊するようなことがないのだ。

今は変遷期だ。ビジネスとITがより密結合になり、企業間のITシェアド・サービス化が進み、ビジネスとITの双方に長けた人材が育っていく過程にある。企業内のITシステムも、人事・会計等の旧来型と、モバイルやデータ活用等の先進的なものが混在している。つまり、多くの企業はまだしばらくの間、ユーザー部門とシステム部門という組織体制を維持しつつ、ビジネスとITを連携させなければならない。

あらゆるビジネスにおいて、ITシステムへの依存度はさらに高まっていく。日々のオペレーションを支えるだけでなく、成長のための新商品・サービスにもITシステムが組み込まれている。ユーザー部門とシステム部門の連携は成功の鍵であり、その重要性は、いくら強調しても足りないぐらいである。

ビジネスとＩＴの連携は、長年にわたり解決されないでいる。しかし、本書で紹介した取り組みは有効に機能するはずである。一時的な取り組みに終わらせないことだ。これは、継続的なコミュニケーションと、信頼関係構築の取り組みである。経営層、ユーザー部門、システム部門には、お互いに相当の時間とエネルギーが求められる。

しかしそれにより培われたものは、来るべきビジネスとＩＴが融合していく事業環境において、競争力の源泉になるはずだ。

【執筆協力者略歴】

伴 勇樹（ばん　ゆうき）

一橋大学法学部卒業。新卒で事業会社に入社し、システム開発、IT戦略立案、商品企画、経営企画等を経験。A.T.カーニー入社後は、金融、製薬、消費財･小売等の業界に対し、IT戦略、中期経営計画等のテーマのプロジェクトに従事。

小泉 拓也（こいずみ　たくや）

早稲田大学政治経済学部卒業。新卒で国内IT系ファームに入社し、システム導入コンサルティング等を経験。2013年にA.T.カーニー入社後は、消費財･小売、総合商社、メディア、不動産等の業界に対し、IT戦略、中期経営計画、新規事業戦略、オペレーション改革等、幅広いテーマのプロジェクトに従事。

新谷 壮司（しんたに　そうし）

京都大学経済学部卒業。新卒で米系コンサルティングファームに入社し、業務改善、マーケティング戦略、法令対応支援、社内システム現状調査等を経験。2014年にA.T.カーニー入社後は、消費財、メディア等の業界に対し、調達戦略高度化、事業戦略等のプロジェクトに従事。

中原 啓智（なかはら　ひろとし）

早稲田大学大学院 基幹理工学研究科 数学応用数理専攻修了。IT系コンサルティングファーム、京都大学 医学研究科 研究員を経て、A.T.カーニー入社。消費財、医療機器、製薬を中心に成長戦略、海外事業戦略、業務改革等のプロジェクトに従事。特にサプライチェーン、マーケティングの分野では、データ分析を活かした改革・改善の経験（物流ネットワーク・在庫最適化、顧客セグメンテーション立案等）を有する。

小橋 淳一（こばし じゅんいち）

京都大学理学部卒業。日本総合研究所を経て、2008 年A.T. カーニー入社。金融、消費財、製薬、商社、ハイテク、運輸等にて、IT戦略、オペレーション・コスト改革、中期経営計画、事業戦略、市場参入戦略等のプロジェクトに従事。著書に『経理・財務知識の再入門講座—SEならこれだけは知っておきたい』（ソフトリサーチセンター）、『現場で役立つ会計の基礎知識（即戦力SEシリーズ）』（ソフトバンククリエイティブ）がある。

【著者略歴】

安茂 義洋（あんも よしひろ）

1966年生まれ。東京工業大学生産機械工学部卒業。同大学院原子核工学修士課程修了。その後、アンダーセンコンサルティング（現アクセンチュア）に勤める。同社では、銀行、証券、損保、リース等の金融機関の事業戦略、営業改革、コスト削減、システム化計画〜開発に従事。また流通業、通信業の金融ビジネス戦略に携わる。その後、IBMビジネスコンサルティング（現日本IBM）にてメガバンクグループと地銀の業務改革、システム化計画、システム統合のプロジェクトマネジメント等に従事し、ガートナージャパンを経て、2011年A.T. カーニーに入社。金融機関、製造業、流通業、不動産などのビジネス・IT戦略、ITコスト削減、ITアウトソーサーの選定に携わる。リテール金融におけるITの戦略的活用など金融・IT分野に関する寄稿多数。

【監修者略歴】

栗谷 仁（くりや ひとし）

早稲田大学法学部卒業、ハーバード大学経営大学院修了（MBA）。大手電気メーカー・医療機器メーカーを経てA.T. カーニー入社。オペレーション（SCM・物流関連・調達・BPR）を中心に、営業／マーケティング、事業戦略、組織デザイン関連などさまざまなプロジェクトを手がけている。また、戦略ITプラクティスリーダーも兼任し、オペレーションとITの融合を図るなど幅広い領域において企業の収益拡大・成長力強化を支援している。
著書に『最強の営業戦略』『コストマネジメント思考法』、編著書に『最強のコスト削減』『最強の業務改革』（すべて東洋経済新報社）がある。

A.T. カーニー

40カ国以上に拠点を有する世界有数のグローバルな経営コンサルティングファーム。1926年の創業以来、世界の有力企業・組織の信頼されるアドバイザーであり続けている。パートナーシップ制度を採っており、顧客の最重要課題に対して短期的な成果をもたらすと共に持続的な成長を支援する。
www.atkearney.com

IT システムの罠《わな》 31

システム導入《どうにゅう》・運用《うんよう》で絶対《ぜったい》に失敗《しっぱい》しないための本《ほん》

2015 年 5 月 15 日　初版第 1 刷発行

著　者――安茂《あんも》義洋《よしひろ》

監修者――栗谷《くりや》　仁《ひとし》

発行者――増田義和

発行所――(株)実業之日本社

〒104-8233　東京都中央区京橋 3-7-5　京橋スクエア
電話 03-3535-2393（編集部）
　　03-3535-4441（販売部）
http://www.j-n.co.jp/

印刷所――大日本印刷(株)

製本所――(株)ブックアート

ISBN978-4-408-11140-7（学芸ビジネス）